L'ART D'ENLUMINURE

TRAITÉ DU XIVᵉ SIÈCLE TRADUIT
DU LATIN AVEC DES NOTES TIRÉES
D'AUTRES OUVRAGES ANCIENS
ET DES COMMENTAIRES PAR
LOUIS DIMIER

PARIS
LOUIS ROUART ET FILS
1927

L'ART D'ENLUMINURE

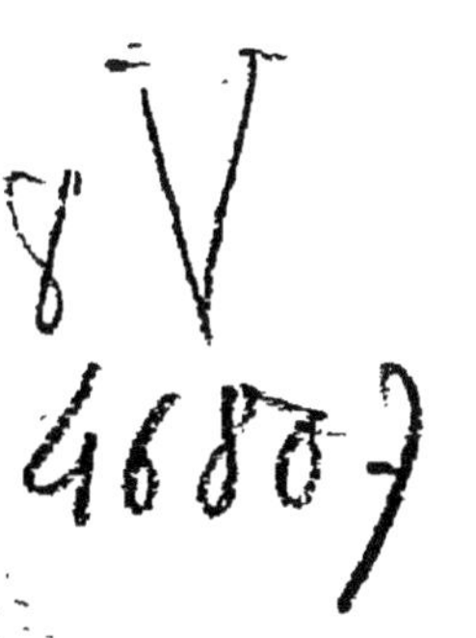

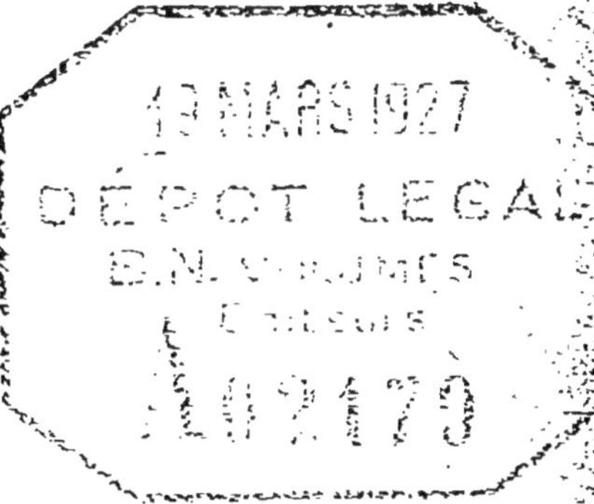

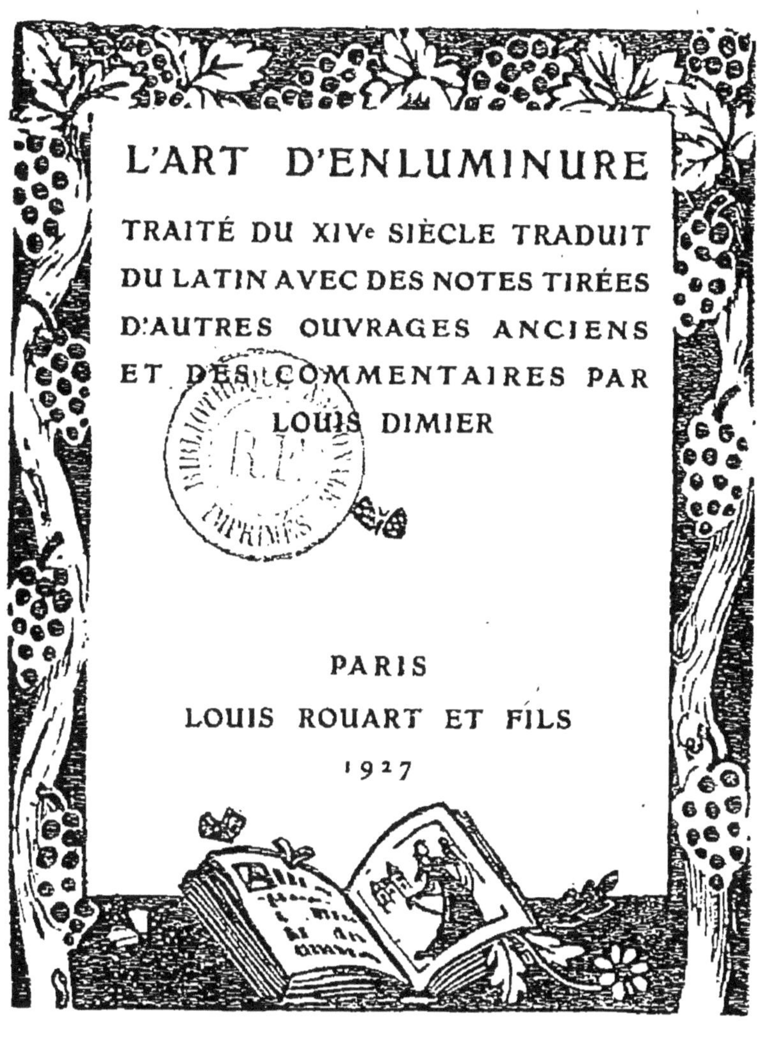

L'ART D'ENLUMINURE

TRAITÉ DU XIVᵉ SIÈCLE TRADUIT
DU LATIN AVEC DES NOTES TIRÉES
D'AUTRES OUVRAGES ANCIENS
ET DES COMMENTAIRES PAR
LOUIS DIMIER

PARIS

LOUIS ROUART ET FILS

1927

A

SON ALTESSE ROYALE

MADAME

LA DUCHESSE DE VENDÔME

MADAME,

L'art de peindre est un héritage dans votre maison, et ses effets ne le cèdent entre vos mains à aucun de ceux auxquels les princes vos parents ont pris leur ingénieux délassement.

En vous présentant cet ouvrage, où du fond du passé un vieil auteur s'exprime au sujet d'une partie délicate de cet art, j'ose donc espérer que *Votre Altesse Royale* ne me trouvera pas importun. Elle considérera avec indulgence cet effort tenté pour lui plaire.

L'original que je traduis a vu le jour il y a six siècles, en Italie, peut-être à Naples, où régnaient tour à tour les princes d'Anjou et d'Aragon, dont *Votre Altesse Royale* descend. L'auteur eût été sensible à l'honneur de voir mettre son livre à vos pieds. Ainsi cette dédicace vous doit un double hommage, le sien et celui du traducteur, auquel votre extrême bonté permet de se dire,

MADAME

DE VOTRE ALTESSE ROYALE

le très humble et très obéissant serviteur

Louis Dimier

Enluminer c'est travailler sur du vélin
avec du blanc d'œuf qui détrempe les
couleurs, ou de la gomme. Puis on
peint avec de l'or moulu (non pas en
feuille) et azur d'Acre, c'est-a-dire
le plus fin, qui vient après l'or dans
la carrière. C'est l'outremer. On l'apporte
d'Espagne ou des Indes.

PIERRE LEBRUN

Quis nunc has artes investigare valebit ?
Quas isti artifices immensa mente potentes
Invenere sibi, potis est ostendere nobis,
Qui tenet ingenii claves virtute potenti.
In varias artes resecat pia corda virorum

HERACLIUS

AVANT-PROPOS

Le traité dont on donne ici la première traduction française, a paru deux fois en latin, en 1877 à Naples par les soins de M. Démétrius Salazaro, en 1887 à Paris par ceux du savant Lecoy de la Marche. L'édition de ce dernier compte deux impressions : l'une aux Mémoires des Antiquaires de France, tirée à part à peu d'exemplaires, l'autre en volume dans la Collection archéologique de Leroux, format in-16. De plus le même auteur a étudié l'ouvrage dans deux articles de la *Gazette des Beaux-Arts* en 1885 et 1886, et dans son livre de *la Miniature* de la Collection de l'Enseignement des Beaux-Arts, en 1884. Quelques extraits traduits ou résumés par lui figurent au cours de ces études.

Le manuscrit était resté inédit et même inconnu jusqu'à nos jours. Il est conservé à la bibliothèque de Naples. Il a pour auteur un Italien et date du

XIVe siècle, ainsi que les deux éditeurs l'ont suffisamment établi. Il est composé de recettes pratiques, où l'art d'imiter la nature n'est touché que
par exception et d'une manière indirecte. Comme
l'enluminure ne peut prétendre à une existence
distincte que de cette manière, et que ses prin-
cipes sont les mêmes à l'égard du dessin et de
l'imitation que ceux de tous les autres genres de
peinture, il est naturel qu'un traité de cet art se
borne à cela. Ajoutez que les recettes pratiques y
ont plus d'importance qu'ailleurs, à cause du
voisinage qu'il y a entre l'enluminure et les
arts d'ornement : reliure, orfèvrerie et le reste.
A côté d'une exacte imitation des formes, nous
aimons dans l'enluminure, les couleurs fraîches,
les ors, la belle calligraphie, toutes choses qu'une
industrie délicate des pigments, des détrempes,
des assiettes et des vernis gouverne. Les règles
de cette industrie ne peuvent donc qu'être bien
reçues des praticiens, et même des amateurs
modernes de l'enluminure.

Les traités écrits à leur usage n'ont pas manqué
depuis quarante ans. En général ils ont l'inconvénient de donner beaucoup de place à des rensei-

gnements élémentaires, choix des pinceaux, du parchemin, etc. qu'on trouve dans le premier venu des catalogues marchands, et d'ajouter des leçons sur les styles, toujours insuffisantes dans de pareils ouvrages, et qui n'ont pas plus de raison d'y être que des leçons de dessin en général. Excepté la manière de poser l'or, la plupart de ces petits ouvrages ne contiennent presque rien d'utile. Encore cette partie même est-elle chargée d'erreurs quant aux procédés des anciens.

Peut-être on répondra que les habitudes des peintres ont causé cette stérilité, en rendant inutiles les recettes de préparation des couleurs, dont se composent les anciens traités. Comme ces préparations se trouvent aujourd'hui toutes faites chez les marchands, on peut se passer de la science qui les enseigne. Il est vrai ; mais en ce cas, à quoi bon des traités spéciaux, et de quoi prétend-on les remplir, qui ne convienne à toutes sortes de peinture, ou qui ne soit connu de tout le monde ? C'est une question de savoir en général si les peintres ont eu raison de négliger la connaissance des préparations qu'ils emploient. D'une part les produits qu'on leur vend n'ont

pas toujours été trouvés bons ; d'autre part il
en est résulté un défaut d'initiative chez eux,
cause d'un travail moins souple et moins parfait.
Tel est le regret qu'on entend exprimer chez
les ouvriers mêmes de grands tableaux à l'huile ;
combien il est plus à sa place chez les enlumineurs, dans une profession qui suppose la patience, l'ingéniosité, le goût du détail, et dont le
champ plus limité permet plus aisément de porter
son attention sur tous les moyens de le remplir !

De nos jours ces qualités ont subi une éclipse
au sein de cette profession même. Dans l'enluminure comme ailleurs, l'inapplication et l'impatience
unies à la vanité de paraître, ont engendré de ces
ouvrages hâtifs, aussi insignifiants que rapidement
expédiés. Un certain préjugé artiste s'est joint
pour décrier les qualités de soin, de fini, de pro-
preté, de goût, grâce auxquelles une science de
dessin même bornée peut réaliser de bons ouvrages, pourvu qu'elle soit bien ménagée. Un
grand érudit en fait d'enluminure, M. Henry Martin, parlant des secrets d'exécution qu'on attribue
communément aux anciens, écrit qu'il en est un
qu'ils n'ont pu nous transmettre. C'est la patience,
dit-il.

« Le peintre du moyen âge attendait des journées, des semaines, des mois, s'il le fallait, que sa couleur fût à point. S'il s'agissait d'appliquer cette couleur, sa patience n'était pas moindre. C'est quelquefois lorsque cinq couches successives avaient été étendues l'une sur l'autre après séchage complet de la précédente, que l'enlumineur espérait voir apparaître la nuance cherchée. Il y fallait du courage, car en hiver, par les temps humides, cela pouvait exiger plusieurs semaines. Dira-t-on que les résultats en sont médiocres? Après sept cents ans et plus, ces œuvres de peinture n'ont subi aucune altération. »

Telles sont les raisons qui conseillent de remettre au jour les recettes des ouvriers anciens. C'est à quoi servira la présente traduction. Pour la rendre propre à ce dessein, je ne me contenterai pas de la donner telle quelle, je l'accompagne de toutes les lumières propres à en faire entendre le sens. Des commentaires seront joints à chaque chapitre pour expliquer ce qu'il contient. En outre on y trouvera des textes d'anciens auteurs, capables d'enrichir la matière.

Comme cette traduction s'adresse aux artistes

et aux amateurs et non pas aux critiques de texte, je n'ai pas fait scrupule d'apporter à l'ouvrage quelques changements, qui le rendaient plus clair ou facilitaient la lecture. On trouvera dans une note à la fin de cet avant-propos, l'explication de ces changements, suivie de leur détail en forme de tableau. J'espère que les raisons que j'y donne seront approuvées. Chacun sait à quel point l'ordre de ces anciens traités est imparfait souvent. Certaines présentations à l'ancienne mode ajoutent à la difficulté. C'en est assez pour dérouter, et pour dégoûter quelquefois un lecteur étranger à l'étude des textes. Il fallait éviter cet inconvénient.

Cela n'a pas empêché de garder le tour original dans tout ce qu'il avait d'essentiel. Je ne me suis pas appliqué à le moderniser. Il contient selon la mode du temps, des allusions à la philosophie péripatéticienne, que j'ai conservées soigneusement. Dans les opérations méticuleuses qu'il décrit, j'ai eu soin de ne pas omettre un seul détail, et de faire tous les pas qu'il faisait, en gardant les nuances de son débit. Il y a un charme attaché à cette patience et à cette probité professionnelle, qu'il ne fallait pas effacer.

Toutefois je ne me suis pas astreint à la traduction strictement littérale, au mot à mot dont quelques-uns se font une règle, et qui n'est qu'un artifice des classes : le traducteur n'ayant de devoir qu'un seul, qui est de comprendre ce qu'il lit et de l'exprimer dans le tour propre à sa langue, qui seul lui permet d'être compris. J'ai introduit aussi en trois ou quatre endroits des phrases de transition, qui manquaient dans l'original, et qui servent à la clarté. Lecoy de la Marche écrit dans sa préface que l'ouvrage est « quelquefois obscur ». Il m'a paru pourtant qu'on pouvait le rendre partout avec assez de certitude, pourvu qu'on eût égard aux choses plutôt qu'aux mots, et qu'on imaginât les actions qu'il décrit. Il est vrai que même alors quelques difficultés restent, attachés à la désignation de certaines drogues ou de certains objets. Dans tous les cas où il m'a paru utile d'avertir le lecteur de ces difficultés, j'ai donné le latin en note, en évitant dans ces endroits d'accumuler les conjectures, qui ne font qu'embrouiller. J'ai pareillement donné le latin, quand je l'ai cru nécessaire à quelque explication.

J'ai dit qu'au commentaire mis après chaque

chapitre, se joignaient des passages tirés d'ouvrages anciens, où l'art d'enluminure est abordé.
Le plus important de ces ouvrages, le seul avec
le nôtre qui ne traite que de cet art, est le traité
allemand dit *Illuminier-Buch*, de Valentin Boltzen
de Rouffach, publié sans lieu en 1553, réimprimé en 1566, puis en 1589 à Francfort, enfin à
Hambourg en 1645. Il m'a fourni entre autres sur
l'or mosaïqué un ouvrage que j'ai cru devoir tirer
du commentaire et joindre au texte même de
l'ouvrage comme traitant un point qu'il omet.
D'autres traités plus anciens, consacrés à toute
la peinture, ont comme celui-ci longtemps demeuré
manuscrits. Une Anglaise, Mme Merrifield, les
a imprimés en deux volumes en 1849, sous ce
titre, *Original treatises on the art of painting*, avec
une traduction anglaise, des préfaces et une étude
d'ensemble.

L'un des plus curieux est le manuscrit de Jean
Lebègue, compilé au XVe siècle, en partie de
recettes recueillies entre 1398 et 1411 par Jean
Archerius, Italien, de plusieurs peintres du temps.
C'était l'époque d'une grande floraison de l'art en
Italie, en Flandre et en Bourgogne. A Bourges,

le soin de peindre les manuscrits que commandait le duc de Berri, oncle du roi Charles VI, occupait les plus excellents enlumineurs qu'on ait vus. L'information de Jean Archerius profite de ces conditions favorables.

Une partie a pour titre *Experimenta colorum* (recettes pour faire les couleurs) ; une autre, *de Coloribus diversis* (des diverses couleurs). A ce fonds Jean Lebègue a joint des notes prises en français sous ce nom répété : *de Diversis coloribus*. Ajoutez les traités suivants, plus anciens : Pierre de Saint-Omer, *de Coloribus faciendis* (de la fabrication des couleurs) ; Héraclius, *de Coloribus et Artibus Romanorum* (des couleurs et des arts des Romains) ; Théophile, *Diversarum Artium schedula* (traité des divers arts) : ce dernier publié par L'Escalopier en 1843. Deux autres sont dans le recueil de Mme Merrifield, lequel contient en outre : *Segreti per colori*, du XVe siècle en italien ; *Ricette per far ogni sorte di colori*, du XVIe siècle ; *Recueil des merveilles de la Peinture*, par Pierre Lebrun, 1635.

Toutes ces sources m'ont servi pour étendre ma matière. Les plus récentes méritaient l'attention à cause de la persistance des recettes anciennes, qui permettait soit de suppléer à ce qui manque aux autres recueils, soit de profiter du progrès de leur méthode. A tout cela j'ai joint le secours d'un ouvrage resté manuscrit de la bibliothèque de l'Arsenal : *Instructions pour broyer, adoucir, refondre et retoucher les couleurs*, par Letonnelier, moine de Saint-Victor, 1680.

Telles sont les lumières que m'offraient les textes ; d'autres, que mon commentaire y joint, viennent des vieilles peintures elles-mêmes, étudiées dans ces dernières années par M. Henry Martin avec un profit tout nouveau. Sur les procédés de l'enluminure, sur les conditions des ateliers, son livre des *Miniaturistes français*, fruit de recherches patientes autant qu'originales, apporte des témoignages de la plus grande importance, qu'on ne soupçonnait pas avant lui.

L'ancienne production d'enluminure y apparaît en forme collective et industrielle, requérant un grand nombre de mains, qui se partageaient la besogne sous la direction d'un maître unique, donnant le dessin et surveillant l'ouvrage. L'expérience de la profession se trouvait multipliée par

là ; une partie dut être commune, une autre consti-
tuait le secret de chaque atelier, peut-être du
maître seul, qui quelquefois le communiquait,
quelquefois avait le déplaisir de se le voir déro-
ber par un rival adroit.

Le fruit de cette expérience se conservait d'âge
en âge par la pratique, sans laquelle les recettes
écrites servent peu. Remarquons même que plusieurs de ces recettes n'ont jamais été mises par
écrit, quoique cela eût été facile, soit parce
qu'elles étaient trop communes, soit parce qu'on
n'y pensait pas. Par exemple, la manière de
donner du relief aux fonds d'or comme on le voit
dans les vieilles miniatures, ne se trouve enseignée dans aucun texte connu. Contrairement aux
explications fausses qu'on en avait données longtemps, M. Henry Martin la révèle dans un passage que je résume en son lieu.

Une troisième source d'éclaircissements pourrait
venir d'essais tentés de nos jours par les artistes
au moyen des recettes anciennes. Elles ont servi
certainement en partie dans l'atelier des frères De
Pape, qui travaillaient à Bruges, et dont M. An-
toine Girard à Paris possède un important

manuscrit peint de 1845 à 1849 pour le baron
Deman de Lennick. Quant au présent traité,
Lecoy de la Marche nomme deux enlumineurs
modernes qui en ont profité : M. Van Driesten
de Lille et M. Beaufils de Bar-le-Duc. « Ils ont
mis à profit, dit-il, les recettes pour l'application
de l'or en feuille, et sont arrivés soit sous le rap-
port de l'éclat métallique, soit sous celui de la
solidité et de l'adhérence parfaite, à des résultats
véritablement surprenants. » Cela montre à quel
point une pratique compétente peut tirer parti
de ces vieux textes ; je ne doute pas que d'autres
chapitres du même ouvrage servent de la même
manière à ceux qui s'y adonneraient. Ces résultats de fait sont le meilleur commentaire qui
puisse être fait d'un livre, puisque la mise en
pratique d'un texte suppose qu'on le comprend
parfaitement.

Je ne crois pas inutile de résumer ici les diffé-
rentes époques de l'enluminure.

La période byzantine qui est la première, est
généralement étrangère aux préoccupations des
enlumineurs d'aujourd'hui. L'époque romane,
onzième et douzième siècle, voit commencer, dans

la peinture d'ornements excessivement variés, les ingrédients et les mélanges qui devaient se perfectionner sans cesse. Le treizième siècle les continue dans un style d'ornement moins riche, mais où les fonds d'or s'établissent et prennent toute leur importance. Le quatorzième siècle voit s'épanouir cet art dans une imitation perfectionnée des formes, soutenue d'un coloris qui va se raffinant. Les fonds d'or n'y sont plus unis, mais échiquetés ou losangés et rompus d'ornements divers. Les ateliers parisiens fleurissent ; des enlumineurs au service des princes exercent leur art à Dijon et à Bourges. A la fin la convention des fonds cesse, la perspective des chambres et le paysage paraissent. L'art atteint à sa perfection sous Charles VI, avec les frères Limbourg, qui peignent pour le duc de Berri les Très riches Heures des collections de Chantilly.

Une cinquième période s'ouvre avec Charles VII dans la monarchie restaurée. Au coloris tendre de l'âge précédent, elle substitue le coloris voyant des Heures d'Étienne Chevalier, chef-d'œuvre de Fouquet, remarquable par le dessin savant et une connaissance avancée des ressources matérielles de l'art. Surtout le sali d'or employé dans les lumières est un trait de cette production. Par malheur et quoique les ouvrages y aient été très abondants, cette époque compte peu de bons artistes, Fouquet excepté. Le quinzième siècle sur lequel elle s'étend, doit passer en général plutôt pour une période de décadence que de floraison de l'enluminure.

On attribue ce caractère de décadence à l'enluminure de la Renaissance. C'est l'effet du préjugé d'école qui fait imaginer que, le style gothique passé, tous les arts qui s'en sont nourris devaient périr. La vérité est au contraire que l'art se relève à cette époque, enrichi de moyens d'expression nouveaux. C'est le temps où fleurirent à Bruges Simon Benning, et à Rome le fameux Jules Clovio. François de Hollande, enlumineur lui-même, et tenant de son père l'ancienne tradition, appelle, dans la liste qu'il a dressée de ces peintres, le second un « enlumineur consommé »; du premier il écrit que ce fut « parmi les Flamands le plus gracieux coloriste et celui qui fit le mieux les arbres et les lointains ». Il décrit ainsi l'art de Clovio : « une manière de travailler avec de certains points que j'appelle des atomes, semblables au tissu d'un voile », dont se forme peu à peu la peinture, comme un brouillard qui va se rassemblant. Il ajoute que cette manière de peindre est aussi difficile à concevoir qu'à pratiquer. En France les Heures de Henri II, celles du connétable de Montmorency, celle de Catherine de Médicis, décorées des portraits des princes ses enfants, attestent la vigueur de l'art à cette époque.

L'art nouveau de l'imprimerie avait donné naissance à une espèce d'enlumineurs qui ne faisaient que colorier les estampes, et dont la médiocrité fut cause qu'on préféra se passer d'eux, et jouir en noir et blanc des ouvrages de gravure qu'ils gâtaient. Tout méprisé qu'il était, cet art n'en poursuivit pas moins obscurément son existence. Il n'était pas tombé si bas qu'on n'y songeât encore dans les traités d'enluminure qui s'écrivaient. Ainsi Letonnelier venant à parler dans ses Instructions, du noir d'Allemagne, ajoute que cette couleur « est propre pour enluminer les tailles douces ».

Au xviie siècle l'ancienne abondance de l'enluminure prit fin, la vogue qui soutenait cet art depuis des siècles, tomba. Mais les procédés continuaient d'être connus et pratiqués. Ils ne devaient être tout à fait délaissés que sous l'influence de David, dont la réforme inspirait l'abandon de tout ce qui n'était pas la peinture héroïque. L'enluminure d'estampes brille au XVIIIe siècle dans quelques exemples charmants. Le coloriage à l'eau lui survécut, ou plutôt refleurit sous la Restauration comme une nouveauté de ce vieux fonds, encouragée peut-être par la faveur nouvelle que rencontraient les anciens manuscrits.

On se mit à colorier les livres en abondance d'après des règles et avec une perfection qui en faisaient un art véritable : art qui s'est prolongé jusqu'en 1850, portant presque jusqu'à nos jours les derniers et lointains échos de la tradition.

Depuis la même époque à peu près, on s'efforce de la renouer. Cela ne peut aller sans recherche et sans érudition. Mais pour savantes qu'elles soient, ces recherches n'auront d'effet que si le goût les utilise. La seule superstition de l'ancien ne saurait tenir lieu d'inspiration. Il est louable de prendre chez les anciens les éléments de l'art, le tour et la méthode ; mais se donner pour but de les contrefaire serait se vouer à la stérilité : rien n'étant si contraire au vrai sentiment de l'art que l'amusement donné par la contrefaçon.

Dans un traité d'enluminure publié de nos jours, je trouve ceci par exemple, qu'il faut donner à la peinture « par l'opposition des tons simples avec les tons composés un caractère archaïque et religieux, principe de l'art d'enluminure ». Cela est contraire au bon sens. La loi de tout art est d'avancer ; il ne peut donc pas y en avoir un seul qui ait pour règle l'archaïsme. D'autre part, croire que l'enluminure n'a d'application que la religion, c'est oublier que les œuvres des anciens maîtres ont été pour une grande partie des illustrations profanes, mythologiques ou capricieuses, dont les bibliothèques comme celles de Charles V et du duc de Berri étaient pleines.

Les livres d'église sont aujourd'hui l'objet le plus proche et le plus naturel de cet art ; mais cela n'a rien d'essentiel, cela tient aux circonstances. On ne saurait en faire une définition. Surtout se croire astreint par cette définition à des arrangements de tons particuliers, serait tout à fait déraisonnable. Ce serait compliquer à plaisir une tâche difficile en soi, et qui ne sera menée à bien que si l'on cherche le meilleur avec simplicité.

La pédanterie, l'esprit de système doit être absent de cette entreprise. Il était absent de l'esprit des anciens ; on n'en voit pas trace dans les conseils qu'ils donnent. A cet égard aussi j'aime à penser que la bonhomie avenante et agréable des enseignements contenus dans ce livre ne seront pas d'un moins bon exemple à ceux qui voudront s'y appliquer.

NOTE CRITIQUE

Le texte que j'ai suivi dans cette traduction est celui de Lecoy de la Marche, beaucoup plus correct en général que celui de Salazaro. En quelques endroits cependant les leçons de ce dernier m'ont paru préférables ; quelquefois j'ai cru devoir corriger l'un et l'autre ; des notes dans ces deux cas avertiront le lecteur.

J'ai changé en quelques endroits l'ordre des matières. Une première raison m'y invitait, signalée par Lecoy de la Marche : c'est que l'ouvrage tel que le manuscrit le donne, se termine par des additions faites à un premier projet terminé. Dans une édition qui vise à se rendre utile et où l'on ne pouvait mettre trop d'ordre et de clarté, il n'y avait pas de raison de laisser ces additions en appendice. Il est à croire que l'auteur lui-même, s'il eût revu son ouvrage, les y eût fait rentrer. C'est ce que j'ai fait, en rapprochant chacun des chapitres supplémentaires, des matières auxquelles il se rapporte.

Lecoy de la Marche a cru que les additions recommençaient à deux reprises, une première fois après mon chapitre XXI (XX à XXIII du texte), une seconde fois après mon chapitre XXV et dernier (XXX du texte). Il en donne pour raison que ces deux fois l'auteur écrit en queue de chapitre *Deo gratias*. Cependant lui-même est obligé de convenir que la même formule rencontrée à la fin du chapitre VI (VIII du texte) ne signifie pas cela, puisque quelques lignes plus loin, l'auteur parle de son ouvrage comme en train et non terminé : *Cujus modum faciendi in fine* hujus libri *ponam*. Il s'ensuit qu'en cet endroit « la formule *Deo gratias*, dit Lecoy de la Marche, ne marque pas la fin du traité ». Il ajoute qu' « elle signifie simplement : alors l'opération est finie ». Or il est facile de voir qu'au chapitre XXI, le traité n'est pas davantage terminé, et qu'il se continue régulièrement dans ce qui suit. Il n'y a donc nulle raison d'y donner plus de portée à la formule *Deo gratias*.

Au contraire à la fin du chapitre XXV, elle est

premièrement suivie du mot *amen*, puis ce qui précède *Deo gratias* est en forme de péroraison. Voilà ce qui me fait terminer là, et traduire en cet endroit *Deo gratias*, que j'ai omis de traduire ailleurs comme inutile. Ces mots mis en ces endroits veulent-ils dire réellement, *l'opération est faite?* J'incline à croire qu'ils marquent plus simplement le repos de la main de l'auteur, qui chaque fois qu'il arrête sa copie, fait cette prière.

Les autres changements apportés dans l'ordre des matières n'ont été conseillés que par le besoin de clarté. L'ordre de l'auteur est défectueux. Je ne pouvais prétendre à le rétablir tout à fait, sans altérer profondément l'ouvrage, et même étant donné qu'un plan même imparfait présente certaines liaisons que les changements peuvent détruire, sans en altérer la clarté. Aussi n'ai-je rien changé par raison de symétrie. Je n'ai fait de modifications que là où elles étaient faciles, et où la suite des matières les appelait.

J'ai modifié aussi quelquefois la division des chapitres, tantôt avançant, tantôt reculant les coupures de l'original. Certains titres où le sujet était mal exprimé, ont été également changés. Un chapitre, le ixe de l'édition latine, redite de trois lignes amenée par le défaut d'ordre, a été purement et simplement supprimé.

De tout cela résulte que trente-deux chapitres, dont se compose l'original, n'en font que vingt-cinq dans la traduction. Je répète qu'un chapitre, xiiie ci-dessous, a été grossi d'une addition tirée du traité de Valentin, regardée comme trop essentielle pour figurer en commentaire. Pour que ceux qui voudront comparer la traduction au texte, puissent le faire sans difficulté, voici la concordance des deux.

CONCORDANCE DES CHAPITRES DU TEXTE ORIGINAL ET DE LA TRADUCTION

Texte	*Traduction*
CHAPITRE I jusqu'à *expertas et probatas*.	INTRODUCTION.
CHAPITRE I depuis *cum inquio*, II, III.	CHAPITRE I.
CHAPITRE IV	CHAPITRE II.
CHAPITRE V	CHAPITRE III.

Texte	*Traduction*
CHAPITRE VI	CHAPITRE IV.
CHAPITRE VII	CHAPITRE V.
CHAPITRE VIII	CHAPITRE VI.
CHAPITRE IX	Supprimé
CHAPITRE X	CHAPITRE VII.
CHAPITRE XI	CHAPITRE VIII.
CHAPITRE XII	CHAPITRE IX.
CHAPITRE XIII	CHAPITRE X.
CHAPITRE XIV	CHAPITRE XI.
CHAPITRE XV	CHAPITRE XII.
CHAPITRE XXXI, et addition	CHAPITRE XIII.
CHAPITRE XVI	CHAPITRE XIV.
CHAPITRE XVII	CHAPITRE XV.
CHAPITRE XVIII	CHAPITRE XVI.
CHAPITRE XIX	CHAPITRE XVII.
CHAPITRE XXXII	CHAPITRE XVIII.
CHAPITRE XXV, XXVII	CHAPITRE XIX.
CHAPITRE XX jusqu'à *utrumque bonum est*, et depuis *Et nota quod*.	CHAPITRE XX.
CHAPITRE XX depuis *ad florizandum*, jusqu'à *cum aqua vel* [*clara*], XXI, XXII, XXIII	CHAPITRE XXI.

<table>
<tr><td>Texte</td><td>Traduction.</td></tr>
<tr><td>CHAPITRE XXIV, XXVIII.</td><td>CHAPITRE XXII.</td></tr>
<tr><td>CHAPITRE XXVI</td><td>CHAPITRE XXIII.</td></tr>
<tr><td>CHAPITRE XXIX</td><td>CHAPITRE XXIV.</td></tr>
<tr><td>CHAPITRE XXX</td><td>CHAPITRE XXV.</td></tr>
</table>

L'ART D'ENLUMINURE

INTRODUCTION

AU NOM DE LA TRINITÉ SAINTE ET INDIVISIBLE.
AINSI SOIT-IL.

Ce livre est écrit à dessein d'expliquer plusieurs choses touchant l'art d'enluminure, pratiqué soit à la plume, soit au pinceau. Je donnerai ces explications simplement, sans m'embarrasser de témoignages, et néanmoins avec le plus grand soin. Plusieurs, qui ont traité ce sujet dans le passé, ont contribué à l'éclaircir ; cependant je crois enseigner ici des moyens plus sûrs et plus courts qu'ils n'ont fait. Que cela n'empêche pas ceux qui seront plus savants de demeurer dans leurs opinions, qui peut-être seront meilleures; aux ignorants toutefois j'aurai rendu ce service, de les mettre à même de pénétrer cet art, et de faire ce qu'ils auront compris.

Je décrirai d'abord en peu de mots les couleurs et les mélanges qui s'en composent, en ayant soin de n'avancer que des faits éprouvés et certains.

COMMENTAIRE

La mention que fait l'auteur de ses prédécesseurs invite à comparer leurs ouvrages au sien. Il est certain qu'avant d'écrire il s'était instruit chez les autres. Certainement il avait lu Héraclius et Théophile. Cependant aucun endroit de son ouvrage n'est copié de ces derniers. Ce qu'il a de commun avec eux n'est que la matière la plus générale des recettes, qui ne pouvait changer beaucoup.

En revanche il semble que lui-même ait été beaucoup copié. La recette de la rosette dans les Experimenta, est visiblement abrégée de la sienne ; celle du cinabre pour écrire, dans les Segreti pareillement. L'emploi de la sanie des oreilles donnée par lui comme son secret, se retrouve dans ce dernier ouvrage. On grossirait aisément ces remarques, qui toutes témoignent soit que l'auteur eut du débit, soit qu'il puisait à des sources fréquentées par d'autres, qui nous manquent.

I. DES COULEURS POUR L'ENLUMINURE ET DES INGRÉDIENTS EN GÉNÉRAL.

Donc, les physiciens enseignent qu'il y a trois couleurs principales, qui sont le noir, le blanc et le rouge. Toutes les autres couleurs participent de ces trois, comme on peut le voir dans les livres. Mais s'il s'agit des matières dont usent pour leur profession les ouvriers d'enluminure, ces couleurs sont au nombre de huit, qui sont le noir, le blanc, le rouge, le jaune, le bleu, le violet, le rose et le vert.

Entre les couleurs, les unes sont naturelles, les autres sont obtenues par la fabrication. Le bleu d'outremer et le bleu d'Allemagne sont naturels; ainsi que le noir, qui est une certaine terre ou pierre noire. Pareillement le rouge est une certaine terre rouge, qu'on appelle autrement *macra* [1] en

---

1. Terre pareille à l'ocre selon Lecoy de la Marche, ainsi nommée par les Napolitains.

langue vulgaire ; et le vert est aussi une terre ou azur vert. Le jaune est une terre jaune ou *orpin* [1], ou autrement de l'or fin, ou du safran.

Toutes les autres couleurs sont fabriquées ; c'est assavoir le noir, fait de sarment de vigne ou de quelque autre bois brûlé, ou de fumée de chandelles, de cire ou d'huile, ou du suc de la sèche, recueilli en bassins ou en écuelles de verre. Le rouge est de même, si c'est le cinabre [2], qui se fait de soufre et de vif argent, ou le minium autrement dit *stupium* tiré du plomb. Le blanc se fait au moyen du plomb et se nomme céruse, ou se tire d'os d'animaux brûlés. Le jaune qu'on fabrique, se fait au moyen de la racine du curcuma [3] ou de l'herbe à foulon [4] mêlée avec la céruse, ou autrement par sublimation [5], auquel cas on le nomme pourpre et or mussif [6], ou encore au moyen du nitre [7], ce qui donne le massicot jaune [8]. Le bleu artificiel se tire

1. *Auripigmentum*. Selon Lecoy de la Marche, trisulfure d'arsenic.
2. Même couleur que le *vermillon*.
3. Safran des Indes ou souchet, selon Lecoy de la Marche.
4. *Herba fulonum*, dite plus loin herbe aux teinturiers.
5. *Per sublimationem*.
6. *Aurum musicum*. Je suis l'interprétation de Lecoy de la Marche.
7. Dans le texte *vitro*, que je corrige en *nitro*.
8. *Giallulinum*. Lecoy de la Marche traduit par jaune de

du tournesol, dont se fait aussi le violet. Le vert artificiel se fait soit du cuivre, soit de la prunelle dite vulgairement *prugnamerolo*, qui se ramasse au temps des vendanges le long des haies, soit encore de la fleur d'iris.

Voilà pour les couleurs. Il faut maintenant parler des détrempes qui servent à les étendre et des ingrédients qui servent à fixer l'or. Les ingrédients à fixer l'or sont la colle *cerbuna* [1], la colle de parchemin, la colle de poisson ou les semblables. Les détrempes à étendre les couleurs, sont premièrement le blanc et le jaune d'œuf de poule, ensuite la gomme arabique ou la gomme adragant, fondue dans l'eau de source. L'eau de miel ou l'eau de sucre, faite soit de sucre ordinaire, soit de sucre candi, sont aussi employées, pour adoucir les préparations, ce qui peut être nécessaire, comme je le ferai voir quand j'en viendrai, si Dieu le permet, à mes explications.

Naples. Je suis le sens de Mme Merrifield, appuyé sur deux preuves : 1° que Fabroni d'Arezzo a analysé en 1811 le jaune des manuscrits et y a trouvé le massicot ; 2° que Haydocke, qui traduisit Lomazzo en 1598 rend partout giallolino par massicot.

1. Peut-être faite de corne de cerf, selon la recette donnée en commentaire du chapitre XIV.

COMMENTAIRE

❡ *En fait de détrempe, Jean Lebègue recommande encore l'eau de graine de lin, et une autre composée de chaux, de cire et de colle. En fait de colle, Pierre de Saint-Omer enseigne aussi celle de cuir de bœuf.*

❡ *Valentin enseigne six détrempes, qui seront données en leur lieu, ch.* xiv, xv, xvi *et* xviii.

II. DU NOIR ARTIFICIEL ET DE SA PRÉPARATION.

Le noir qu'on fabrique se fait de plusieurs façons.

D'abord et le plus souvent on le fait en perfection et très bien de charbon de vigne, c'est-à-dire en brûlant des sarments de la vigne qui produit le vin. On les éteint avant qu'ils soient réduits en cendre, au moyen de l'eau, dont on les arrose par petite quantité d'abord, puis davantage ; ensuite les charbons nets sont mis à part des cendres.

Un autre moyen est le noir de fumée. Il faut avoir quelque petit bassin de cuivre ou de terre vernissée [1] bien propre, que vous placerez l'ouverture en bas, au-dessus d'une chandelle de cire pure allumée, de manière que la flamme vienne frapper le fond du bassin. Le noir ainsi déposé sera recueilli par vous, et utilisé à votre convenance.

1. *Terra vitreata.*

COMMENTAIRE

⁋ Letonnelier signale aussi le noir d'Allemagne. Le bistre chez lui est enseigné comme suit.

Vous prenez le dessus de la suie de votre cheminée en ratissant avec quelque chose, et vous prenez toute la plus noire, que vous mettez brûler ; ensuite de cela vous la broyez bien avec de l'eau de gomme.

⁋ Valentin enseigne le noir de noyau de pêche comme très beau.

Mettez les noyaux dans un vase neuf, couvrez et scellez le couvercle, qu'aucune fumée n'en puisse sortir : autrement vos noyaux iraient en cendres. Remettez le vase à un potier qui aura à cuire, et qui le mette au four avec sa marchandise. Votre vase recouvré, vous y trouverez les noyaux de pêche noirs comme charbon. Pilez-les dans un mortier, achevez de les broyer sur la pierre jusqu'à ce que ce ne soit plus que poudre. Servez-vous de la détrempe que vous voudrez. Vous aurez un noir d'un bel effet.

III. DU BLANC.

Je n'ai trouvé par expérience qu'une seule
espèce de blanc bonne pour l'enluminure ; c'est le
blanc de plomb ou la céruse. Le blanc d'os brûlé
ne convient pas, comme trop pâteux[1]. La manière
de faire la céruse n'a pas besoin d'être enseignée ;
chacun sait bien qu'elle vient du plomb, et la
recette s'en trouve partout.

COMMENTAIRE

Voici cette recette tirée d'Héraclius.
Prenez des lames de plomb, mettez-les dans un pot neuf,
que vous emplirez ensuite de vinaigre très fort ; couvrez
le pot et le mettez au repos dans un lieu chaud pendant
un mois. Vous l'ouvrirez alors et ce que vous trouverez sur
vos lames de plomb, vous le mettrez dans un autre pot
sur le feu, ne cessant de le remuer jusqu'à ce que la
matière soit blanche comme neige.

1. *Pastosum.*

¶ *Autre blanc enseigné par Valentin.* Prenez de la chaux vive. Mêlez-y de la chaux qu'on tire des coquilles d'œuf, puis du lait de chèvre.

¶ *Autre de coquilles d'œuf du même.* Prenez des coquilles d'œuf que vous ferez mordre trois ou quatre jours durant, à du vinaigre blanc fort. Lavez-les ensuite parfaitement. Faites sécher au soleil ; broyez dans un mortier d'abord, puis pilez fin.

¶ *Autre de verre du même.* Prenez de bon verre à vitre, broyez-le fin, mêlez-y du soufre. Versez le tout dans un vase dont vous scellerez le couvercle ; mettez à un grand feu qui fasse rougir le pot, retirez le pot et laissez refroidir. Ce que vous en tirerez broyez-le sur la pierre. *Valentin assigne comme détrempe à ce mélange sa sixième, enseignée p. 99.*

IV. DU ROUGE ARTIFICIEL.

Le rouge artificiel se fait de soufre et de vif argent, et ainsi fait se nomme cinabre. Un autre se tire du plomb : c'est le minium ou stupium. La recette de ces couleurs étant donnée partout, je me dispense de l'écrire ici.

COMMENTAIRE

¶ *Celle du cinabre ou vermillon est donnée ainsi par Pierre de Saint-Omer.*

Prenez une bouteille de verre, que vous enduirez d'argile par dehors ; mettez-y une partie de vif argent et deux parties de soufre blanc ou de safran ; placez la bouteille sur quatre pierres, et allumez tout autour un feu lent. Ayez une pierre pour fermer l'ouverture, que vous mettrez quand la préparation rendra une fumée bleue ou jaune. Quand vous verrez la fumée rouge, c'est que le vermillon est fait.

¶ *Voici celle du minium du même.*

Vous tournerez la céruse en minium, si vous la mettez

à cuire deux jours et deux nuits dans un pot, la remuant sans cesse avec un instrument. Ayez soin que le pot ne soit touché d'aucune flamme, et servez-vous de charbons seulement pour le chauffer. Vous aurez à les entasser de manière qu'ils montent jusqu'à la moitié du pot. Que les charbons soient gros, de manière que l'air passe au travers et maintiennent la chaleur. Quand elle commence à brûler, remuez la matière au dedans avec une cuiller ou quelque lame de fer, de cuivre ou de bois, de façon que les parties qui touchent au vase et qui brûlent, soient sans cesse mêlées aux parties plus tièdes du milieu. Recommencez cette coction quatre ou cinq fois, et qu'elle dure chaque fois deux ou trois heures. Veillez sur l'opération deux jours et deux nuits sans prendre de sommeil, si quelqu'un ne vous remplace et n'assure la continuité. Quand les gros charbons seront consumés, vous les remplacerez par d'autres, ôtant un instant le pot du foyer et nettoyant celui-ci des petits charbons et des cendres.

A joindre la recette du carmin prise dans Letonnelier.

Le carmin se fait en prenant une once de cochenille bien pulvérisée, un quart d'once d'alun et un quart d'once de gomme arabique, une demi-once de sucre candi. Tout cela étant bien pilé et mis ensemble dans une fiole, vous l'arroserez d'esprit-de-vin où vous aurez mis trois ou quatre gouttes de jus de citron ; et vous mettrez de cet esprit-de-vin citronné jusqu'à ce qu'il surnage un peu par-dessus vos drogues. Au bout d'un mois, videz par inclinaison ladite liqueur dans un verre ; ensuite remettez-la au soleil, où tout se mettra en corps. Cela fait, pour vous en servir, employez-le avec de l'eau claire.

¶ *Autre recette du même.*

Pour faire un très beau carmin, prenez de la plus fine laque de Venise, et en faites un bouton bien pressé, lequel vous ferez bouillir dans un petit pot vernissé, où vous aurez de la crème de tartre avec de l'eau de pluie ; et vous ferez bouillir le tout jusqu'à consistance de sirop ; et de fois à autre, passez le nouët et vous aurez un très beau carmin.

V. DU JAUNE ARTIFICIEL.

Le jaune artificiel se fait en plusieurs sortes.

La première, comme j'ai dit plus haut, emploie la racine du curcuma ou de l'herbe aux teinturiers [1] ; et voici comme on s'y prend.

Ayez soin que vos racines de curcuma soient découpées bien proprement et finement ; mettez-en le poids d'une once dans une mesure d'eau ordinaire, égale à celle qu'on nomme à Rome *petita* ; mêlez-y d'alun de roche une drachme : le tout dans une terre vernissée allant au feu. Laissez fondre et amollir les drogues tout le jour et toute la nuit, et quand vous les verrez d'un beau jaune, mettez-y une once de céruse de plomb bien pilée ; remuez avec un bâton, puis mettez sur le feu un instant, toujours remuant pour empêcher l'écume de se former [2]. Vous ferez ensuite passer le

1. *Herbarocchia dicta herba tinctorum.* La même que l'herbe aux foulons ci-dessus. Lecoy de la Marche croit que c'est la garance.
2. *Ne per spumam exeat.*

mélange à travers un linge de lin dans un pot de terre non vernissée ; vous l'y laisserez reposer, vous ferez écouler l'eau avec précaution ; le résidu sec sera votre affaire, vous l'emploierez à vos besoins.

La recette n'est pas bien différente, s'il s'agit de l'herbe aux teinturiers. Il faut au moyen du couteau la réduire en tout petits morceaux, puis la mettre dans l'eau ordinaire ou dans une lessive [1] suffisamment forte. Ayez soin que l'herbe y baigne assez profondément. Faites bouillir pendant quelque temps. Je suppose que la quantité d'herbe soit d'un manipule ; à une once du mélange, ajoutez demi-once de céruse bien pilée. Auparavant ayez mis l'alun de roche, que vous aurez réduit en poudre fine, dans le vase que j'ai dit, de la quantité d'une once, avec votre décoction d'herbe ; c'est quand il sera fondu qu'il faut mettre la céruse par petite quantité, en remuant avec un bâton sans cesse, jusqu'à ce que le tout ne fasse plus qu'une masse. Cela fait, passez le mélange par l'étamine, recueillez-le dans l'écuelle de terre cuite non vernissée, laissez-la reposer, jetez l'eau ; puis de nouveau versez dessus de l'eau ordinaire,

---

1. *Lessivium.* Même sens que *détrempe.*

et quand une seconde fois la matière aura reposé, jetez encore cette eau, laissez sécher et prenez votre bien.

Un troisième moyen est de teindre la céruse en jaune au moyen du safran. Si dans cette opération la couleur vient trop pâle, il ne faudra que charger en safran, si elle est trop forte, en céruse.

COMMENTAIRE

¶ Valentin met l'herbe aux teinturiers dans l'eau de chaux. Après avoir fait bouillir, il passe, puis dans le liquide verse l'alun et de la craie pilée.

¶ Autre jaune, dit rauschgelb, *enseigné par Valentin, à piler fin, et auquel comme détrempe convient la colle de parchemin.*

¶ Orpiment enseigné par le même comme difficile autant que beau. Se boucher le nez et fermer la bouche, crainte des émanations et des poussières malsaines. Détremper de colle de parchemin ou d'eau de gomme mouillées, ou encore d'eau-de-vie dans laquelle on aura mis un morceau de gomme à fondre afin de rendre la couleur plus forte.

¶ Massicot par le même. Abreuvé d'une détrempe pure et forte, puis séché, il fait une très belle couleur. Après l'avoir trempé, laissez reposer, que la matière aille au fond, puis jetez l'eau et laissez sécher. Pilez dans la colle de parche-

min fort trempée, que vous renforcerez ensuite. N'y mettez pas de gomme arabique, qui lui ôte tout son brillant.

¶ *Jaune de nerprun par le même.* Cueillez le nerprun au mois d'août, c'est le moment pour l'avoir bon. Faites-le sécher à l'ombre. Ayez de l'eau pure dans un vase où vous broierez un peu d'alun. Versez-y le nerprun, laissez mollir, puis sécher légèrement. Cela fait une belle couleur, mais qui ne se garde pas, en sorte qu'il faut n'en préparer que votre dû.

¶ *Jaune de pois par le même.* Prenez des tiges de pois, et tirez-en l'écorce grise, ratissez ensuite la peau jaune avec un couteau jusqu'au bois. Laissez la buchette sèche à l'ombre. Pour en tirer la couleur, mettez-la dans un vase où vous l'arroserez d'eau de fontaine mêlée d'un peu d'alun. Laissez-la ainsi trois ou quatre jours en revenant sans cesse à la remuer avec un bâton.

¶ *Jaune d'or par le même.* Prenez de l'orpiment, pilez-le sur la pierre, avec du fiel de chèvre ou de bœuf. Mettez dans un vase avec du safran, versez du vin blanc, mettez au feu et faites bouillir jusqu'à une certaine épaisseur. Laissez refroidir et prenez votre couleur, qui est très belle et imite l'or. Pour la détrempe, du fiel mêlé de vin.

¶ *Les* Experimenta *enseignent encore ce mode de couleur jaune.*

Prenez d'orpin une once, de soufre vif une once, détrempez dans le lait de figue, et c'est fait.

VI. DE LA COULEUR DE POURPRE [1].

Il y a une autre sorte de jaune artificiel, qu'on nomme or mussif ou couleur de pourpre. Voici comme on le fait.

Prenez une partie d'étain, faites-la fondre et jetez dessus une partie de vif argent, ôtez du feu aussitôt, broyez avec du vinaigre et quelques grains de sel commun, lavez à l'eau pure froide ou chaude, jusqu'à ce que l'eau que vous verrez s'écouler soit parfaitement claire et débarrassée de sel ; remettez ensuite la matière au feu et faites l'y fondre, puis mettez-la sur le marbre. D'autre part, prenez de soufre vif [2] pur et net comme l'ambre, une partie ; de sel ammoniac une partie ; broyez et mêlez en perfection, puis portez la matière avec votre précédent mélange de mercure et d'étain. Mêlez de façon à ne faire qu'un corps,

---

1. Ce pourpre n'est pas ce que nous appelons de ce nom. Pierre Lebrun le définit un jaune qui imite la couleur d'or.

2. *Sulphur vivum.*

qui sera noir comme le charbon. Vous aurez
ensuite un vase de verre en forme de bouteille
avec un goulot large et court, de grandeur telle
que, la matière une fois versée dans ce vase, ce
qui restera de vide soit la moitié au moins. Il faudra
enduire ce vase de bonne argile, bien mélangée de
fumier d'âne et de débris de tissage qu'on trouve
chez les drapiers. L'enduit sera de l'épaisseur d'un
doigt, et ne s'étendra qu'à la partie du vase
occupée par la matière versée. Cette matière
donc y étant mise, placez le vase sur un fourneau
à trous, de manière qu'il y soit enfoncé jusqu'à
hauteur de l'enduit intérieur ; ne souffrez pas de
vide entre [1] le vase et le bord du trou, bouchez
ce qui se trouvera d'interstice avec des cendres
trempées d'eau. Allumez dessous un petit feu
pour commencer, de bois de saule, de roseaux [2]
ou de quelque autre semblable ; allez en l'augmen-
tant un temps plus ou moins long, jusqu'au moment
que je vais vous dire, qui sera au bout de neuf
heures environ. Le vase devra être fermé d'une
pierre plate, que vous ôterez à volonté. La matière
sous l'action du feu rendra d'abord une fumée

---

1. Le manuscrit donne *in tuas*. Salazaro corrige en *internas*, Lecoy
de la Marche en *intus*. Le sens appelle *inter*.

2. *Cannis*. Je suis le texte de Salazaro.

noire, puis blanche, puis mélangée ; de temps en temps, levant le couvercle, vous introduirez un bâton, que vous aurez soin qui soit net, non pour remuer la matière, à laquelle il ne faut pas qu'il touche, mais pour éprouver l'opération : car quand vous verrez paraître sur ce bâton, des parcelles d'or, c'est signe qu'elle est finie. Vous éteindrez le feu, vous laisserez refroidir. Pour avoir le produit il faudra briser le verre, vous en ferez ensuite l'usage qui vous convient.

COMMENTAIRE

¶ *Les* Experimenta *mesurent ainsi la composition de cette couleur.*

Une once d'ammoniac, une once de vif argent, une once de soufre vif, une once d'étain.

VII. DU BLEU NATUREL ET ARTIFICIEL.

Le bleu nous vient premièrement de plusieurs
substances naturelles.

Celui qu'on nomme outremer est fait du lapis-
lazuli, dont j'enseigne la préparation à l'article
de la manipulation des couleurs. Un autre bleu
est celui qu'on tire d'une pierre qui se recueille
en Allemagne. Un autre encore se fait au moyen
de lames d'argent selon la recette de maître
Albert [1]. Un autre plus grossier [2] se fabrique au
moyen de fin indigo et de céruse. Un cinquième
est le produit de l'herbe dite tournesol. Celui-là
conserve la couleur bleue un an, passé lequel il
tourne au violet.

Voici comment on le prépare. Prenez de la
graine du tournesol, qu'on cueille un peu après

1. Albert le Grand, fameux philosophe, auteur véritable ou
présumé de recettes de physique, transmis comme de grands secrets
pendant tout le moyen âge et longtemps après dans les campagnes.
2. *Grossum*.

la mi-juillet allant jusqu'à la mi-septembre. Ayez-
la[1] verte et en fruit, je veux dire en forme de
triangle, qui vient de ce que les graines sont
jointes trois par trois. Qu'elles soient cueillies
par le beau temps, bien séparées des queues
auxquelles elles pendent ; ayez pour les recevoir
un linge de lin ou de chanvre, qui ait déjà servi,
mais qui soit net, repliez ce linge par-dessus,
et maniez les graines au travers, de manière que
leur suc s'écoule et s'aille emboire dans le linge,
d'où vous l'exprimerez ensuite dans une écuelle
de verre préparée à cet effet. Gardez-vous
d'écraser ces graines en les maniant. Vous répé-
terez cette opération jusqu'à ce que la liqueur
soit en quantité suffisante. Prenez ensuite d'autres
linges pareils au premier, ayant servi quoique
bien nets, que vous aurez premièrement fait
tremper dans un bain d'eau et de chaux vive,
une fois ou deux, puis que vous aurez lavés d'eau
claire avec grand soin ; mais ce bain n'est pas
nécessaire. Ces linges une fois secs, mettez-les
dans l'écuelle où les attend le suc que vous aurez
recueilli, et faites en sorte qu'ils en soient bien

1. Salazaro donne *babeant,* Lecoy de la Marche *babel.* Je propose pour le sens *babeas.*

imbus, les laissant tremper tout un jour ou toute une nuit. Vous aurez ensuite un endroit privé de lumière et humide, où vous placerez de bonne terre de jardin dans une caisse ou dans quelque autre vase : ou mettez-la à même une cave où n'entre ni le vent ni la pluie et qui soit sans écoulement d'eau. Vous arroserez cette terre d'urine, en ayant soin que ce soit celle d'un homme sain et qui boit du vin ; vous dresserez dessus un petit édifice de roseaux [1] légers ou de branchages, qui vous servira à étendre les linges imbibés du suc d'herbe, les exposant de la sorte à la vapeur d'urine, sans qu'elles touchent la terre d'où cette vapeur s'élève. Laissez-les trois ou quatre jours ainsi, jusqu'à tant qu'elles soient sèches. Alors vous n'aurez plus qu'à mettre vos linges entre [2] les feuilles d'un livre, ou [3] à les tenir en caisse ou dans un vase de terre que vous boucherez, en plaçant au-dessous de la chaux vive, dans un lieu sec et à l'écart où vous pourrez les conserver.

1. *Cannis*, selon Salazaro.
2. Salazaro donne *inter,* Lecoy de la Marche *infra*. Le sens appelle *intra*.
3. Le texte donne *et* : le sens demande *vel*.

COMMENTAIRE

« Tous les auteurs, dit Mme Merrifield, parlent d'un mode de conserver les couleurs, dans des linges qu'on a soin d'en teindre. Ces linges teints du jus de tournesol étaient appelés en italien pezzette, *c'est-à-dire petites pièces, ou comme nous dirions, chiffons. Car c'était des morceaux usés qu'on employait à cet usage. » Je traduis plus loin par* piècettes.

On usait de ce nom en particulier à Venise et dans tout le Levant. Il était synonyme de la couleur elle-même. Seulement comme cette couleur était sujette a changer avec le temps, et par la seule action de l'air, il s'ensuit que le sens du mot à cet égard n'est pas fixé.

L'urine de l'homme qui boit du vin était enseignée communément. Le de Coloribus diversis *veut que ce soit celle d'un ivrogne,* hominis ebriatoris ; *et il ajoute que c'est la meilleure :* quæ optima est.

¶ *La recette de Maître Albert est celle qui court dans tous les recueils de ce genre. La voici tirée des* Experimenta.

Prenez des lames d'argent fin, et les mettez dans un pot neuf, que vous couvrirez bien exactement d'une pierre plate. Placez le pot dans le vinaigre de vin pendant quarante jours, et la fleur que vous trouverez alors sur les lames d'argent, ratissez-la, c'est l'azur fin.

¶ *La recette suivante d'un bleu tiré du vert-de-gris se trouve dans les* Experimenta, *confirmés par les* Segreti.

Prenez de sel ammoniac trois onces, de vert-de-gris six, et mêlez. Au moyen de l'eau de tartre, formez-en une pâte, que vous mettrez dans une bouteille de verre. Vous la boucherez, vous l'enduirez de terre et l'enfouirez dans le fumier chaud. Au bout de quelques jours retirez-en vos drogues : vous y trouverez votre vert changé en très beau bleu.

VIII. DE LA COULEUR VERTE

Il existe deux sortes de vert naturel : premièrement la terre verte dont usent communément les peintres, ensuite l'azur vert. Les autres verts viennent de fabrication, et on les tire de diverses substances mises ensemble, ouvrages de la nature, au sein desquelles le vert est seulement en puissance, ne passant (comme on dit [1]) en acte, que moyennant l'artifice convenable ; comme il arrive dans le cuivre par exemple, qui est rouge naturellement et d'où l'on tire le vert par artifice. La même chose arrive au prugnamerolo mentionné plus haut, appelé ainsi dans le langage des Romains au territoire desquels on le trouve en abondance. Ajoutez en troisième lieu l'iris, dit lis bleu pour sa couleur, lequel par moyens convenables ne laisse pas de passer au vert.

Voici comment le vert d'iris s'obtient. On cueille les fleurs nouvelles au printemps, dans le

1. Selon l'enseignement du péripatétisme.

temps de leur croissance, et on les pile dans un mortier de marbre ou de cuivre. On en exprime ensuite le jus au moyen d'un linge que l'on presse dans un pot vernissé. Dans le jus ainsi recueilli jetez d'autres linges de lin bien nets, qu'ils trempent par une ou par deux fois, les ayant auparavant baignés d'eau d'alun de roche, et puis séchés. Quand ils auront bien imbu le jus d'iris, mettez-les sécher à l'ombre. Vous les conserverez entre les feuillets d'un livre. De la couleur ainsi mise en réserve, on fait avec le massicot jaune [1] un vert d'un magnifique effet dans la peinture. Naturellement si vous procédez à un nouveau bain de jus d'iris avec les linges une fois secs, le pouvoir de la couleur augmentera [2].

Il faut s'y prendre de même avec le prugnamerolo, qui vient dans le temps des vendanges. On en mettra les graines dans un pot vernissé ; la fraction ou le broiement s'en fera avec les doigts. Vous détremperez d'autre part dans une lessive claire et pas trop forte, ce qui se pourra d'alun de roche en la chauffant ; vous verserez ce bain sur vos graines broyées, de façon qu'elles en soient cou-

---

1. *Giallulinum*, traduit comme p. 32.
2. Le texte dit *de la piècette : Peciæ prævalebunt.*

vertes. Laissez reposer trois jours dans un endroit tranquille. Vous n'aurez plus qu'à recueillir la liqueur pressée de vos mains sous un linge de lin, dans une autre écuelle vernissée. Vous pourrez la conserver soit dans des linges à l'état sec, de la façon que j'ai indiquée pour le vert d'iris, soit dans un flacon de verre que vous aurez soin de boucher. La couleur obtenue ainsi donnera un parfait mélange avec le vert-de-gris ; broyée avec le bleu d'Allemagne elle donne aussi un très beau vert. Le massicot jaune et la céruse s'y laissent également mélanger avec le plus parfait succès pour le maniement du pinceau.

On en peint avantageusement les feuillages et autres choses semblables, auxquelles on ajoute les ombres au moyen de vert d'iris extrait des linges qui le conservent, à l'aide du blanc d'œuf. On peut aussi peindre les ombres de vert de prugnamerolo, ou de bleu pur tourné au vert, légèrement trempé d'eau de gomme ou d'eau claire.

Un autre vert se fait d'orpin [1] et de bon indigo ; mais il n'est pas propre à la peinture des livres, parce qu'il altère par ses émanations la céruse, le minium et le vert-de-gris, et leur rend la couleur

1. Expliqué p. 32.

du métal d'où ils sont issus. Et c'est pourquoi je n'en donne pas la recette, non plus que celle du vert-de-gris.

COMMENTAIRE

¶ Letonnelier conseille de broyer le jus d'iris avec un peu de safran et de vert-de-gris. Il tire ce jus non des fleurs, mais des feuilles.

¶ Outre l'iris et le prugnamerolo ajoutez l'ancolie cueillie en mai, que Pierre de Saint-Omer conseille.

¶ A l'exemple de l'auteur, le même Pierre de Saint-Omer ainsi que Théophile déconseillent le vert de sel pour les livres.

¶ Recette du vert-de-gris tirée de Pierre de Saint-Omer.

Ayez un pot neuf, où vous mettrez de fort vinaigre en prenant garde de ne pas l'emplir. Prenez ensuite des lames de cuivre bien pur ou de bronze, placez-les au-dessus du vinaigre sans qu'elles y touchent, ni qu'elles se touchent entre elles. Pour cela, qu'elles soient suspendues à quelque bois, que vous placerez sur le vase en travers. Bouchez ensuite et scellez le pot. Mettez-le en lieu chaud, ou dans le fumier, ou dans la terre, et l'y laissez pendant six mois. Au bout de ce temps, rouvrez, ratissez le vert-de-gris dont vos lames de cuivre seront couvertes, recueillez-le dans un pot net et faites-le sécher au soleil.

¶ Le vert de Rouen de même, sauf que les lames de cuivre sont enduites de savon fin. L'urine au lieu du vinaigre.

❡ *Autre recette de la même couleur par le même.*

Mettez du vinaigre dans un vase de cuivre ou de bronze, et faites-le bouillir à gros bouillon sur un feu de charbon. Écumez ce pot, et le vert-de-gris que vous recueillerez, broyez-le avec de l'alun sur le marbre. Remettez la drogue dans le vase de cuivre, où vous la laisserez reposer un jour ou deux. Au bout de ce temps recueillez ce qui surnage et qui sera libre d'impureté. Cela fait, revenant au déchet, vous le traiterez de nouveau avec le vinaigre que vous aurez conservé. Il suffira pour cela de l'y laisser tremper quelques jours et de recueillir ce qui surnagera.

❡ *Recette d'un vert bleu donnée par Letonnelier.*

Le vert bleu se fait en prenant un quarteron de beau vert-de-gris, que vous mettez en poudre, et un demi-quarteron de tartre de Montpellier qui soit blanc, que vous mettrez aussi en poudre. Après cela vous mettrez le tout dans un pot de terre vernissée contenant une pinte ; vous y mettrez trois poissons de bon vinaigre et le laisserez tremper une heure. Ensuite vous y mettrez de l'eau jusqu'à ce que le pot soit plein, et ferez bouillir le tout jusqu'à ce qu'il soit réduit à un demi-setier, ou sans prendre garde aux mesures, jusqu'à ce que vous voyiez une petite peau frisée, tremblotante au-dessus du pot. Pour lors il le faut retirer du feu et il est fait. Vous le laisserez reposer dans son vaisseau jusqu'à ce qu'il soit clair au-dessus, et quand il le sera vous vous en servirez.

IX. DE LA COULEUR ROSE, AUTREMENT DITE ROSETTE

La couleur rose autrement dite rosette, dont l'enlumineur fait usage, soit qu'il en peigne les draperies, les feuillages, le corps des lettres, soit que l'employant à l'état coulant et liquide, il en ombrage les lettres et les feuillages, se fait comme suit.

Prenez du bois de brésil de très bonne qualité, que vous reconnaîtrez à ce que mis dans la bouche et mâché, vous le verrez devenir rose et le trouverez sucré. Ratissez de ce bois ce qu'il vous en faudra, au couteau ou avec un morceau de verre. Mettez-le dans une décoction [1] de bois de vigne ou de chêne, qui sera d'autant meilleure, qu'elle sera préparée depuis plus longtemps. Vous prendrez un pot vernissé allant au feu, et vous aurez soin que votre bois de brésil baigne complètement, en sorte que tout ce qu'il contiendra de soluble puisse

---

1. *Lessivium.*

être fondu dans ce bain. Pour amollir le reste, prolongez le bain tout un jour, ou une nuit ; puis mettez au feu et chauffez jusqu'au point d'ébullition, sans le laisser bouillir cependant, et en remuant souvent avec un bâton. Je suppose que vous savez la quantité de brésil que vous avez mis en usage ; vous prendrez une pareille quantité de beau marbre blanc, finement broyé sur une pierre de porphyre ou raclé au couteau ; une autre quantité pareille d'alun de sucre ou d'alun de roche ; vous mêlerez et broierez les deux ensemble. Au moment où votre bain va bouillir, vous verserez cette poudre par petite quantité, toujours remuant la liqueur avec un bâton, jusqu'à ce que l'écume qu'elle rend soit dissoute et que le bain ait pris couleur. Alors vous passerez le mélange au moyen d'un linge de lin ou de chanvre, recueillant ce qui s'écoulera dans une écuelle vernissée ou non.

Notez aussi cet avis que quelques-uns donnent, de passer la liqueur après qu'elle a pris couleur, par un linge dans un pot vernissé, de la chauffer légèrement, puis d'y mêler l'alun et le marbre. La couleur souhaitée se déclarera sur-le-champ. L'eau nagera au-dessus, presque absolument claire ; il n'y aura qu'à la faire écouler doucement : et ce procédé est meilleur. Mais il faut pour cela un bain ancien de quinze jours, ou fait d'eau de pluie qu'on aura laissé vieillir dans quelque vase de pierre, ou qui aura séjourné dans un creux d'arbre, comme il arrive. Cette eau est excellente pour le but qu'on se propose, et la couleur qu'elle donne est la plus belle. Quant à ce que disent plusieurs, qu'il faut que l'eau du bain soit ôtée de l'écuelle, d'autres sont d'un autre avis. Ils le mettent dans un pot vernissé, le laissent reposer, et ensuite l'en font écouler par petite quantité et doucement, après quoi on laisse sécher le produit.

Quelques-uns creusent une brique de terre cuite, et dans le trou mettent la matière à sécher. Et si votre intention est qu'elle dure longtemps, broyez-la à l'eau de gomme, mettez-la à sécher, et la conservez en morceaux. Et qui voudra la faire de meilleure qualité, qu'il mette au même bain que le brésil quand il le versera dans le bassin, la huitième ou la sixième partie de son poids de graine d'herbe aux teinturiers [1], s'il en peut avoir. Cette addition donnera de la fixité à la couleur [2]. La suite de l'opération aura lieu comme

1. Expliqué p. 42.
2. Le texte ajoute *et pulchrior erit*, que j'ai supprimé comme con-tredisant ce qui suit.

précédemment. Notez toutefois que ce mélange diminue un peu de la beauté de la couleur qu'on obtient au moyen du brésil seul ; en sorte qu'il vous faudra choisir.

Davantage, dans le brésil en solution dont j'ai parlé, pour lui donner de l'épaisseur vous pourrez mêler des coquilles d'œuf tenues toute la nuit dans du vinaigre fort et dont vous aurez au matin enlevé la peau intérieure, puis que vous aurez lavées d'eau claire et broyées très fin sur une pierre de porphyre avec le poids d'alun susdit. Vous mettrez le tout dans un linge de lin, qui servira de passoire à la liqueur superflue ; cette opération renouvelée deux ou trois fois, laissera dans le linge toute la matière louable, que vous n'aurez plus qu'à faire sécher à l'air, sans la tirer du linge et en évitant le soleil. Vous la mettrez de côté comme ci-dessus, et comptez qu'il n'y aura rien de meilleur.

COMMENTAIRE

Valentin nomme cette couleur rouge de Paris.

¶ *Le* de Coloribus diversis *mêle le brésil et l'alun en poudre, à bouillir dans l'urine d'ivrogne, sur un feu de charbon, crainte des fumées. On passe ensuite. La liqueur est mise avec de la céruse.*

Le même auteur aussi le fait cuire dans du vin blanc, et mêle à la liqueur l'alun de roche en poudre, le plâtre fin ou la céruse, pour lui donner corps.

¶ *Outre l'emploi du marbre dans le mélange susdit, les* Experimenta *enseignent les coquilles d'œuf broyées dans l'eau, puis séchées. On jette la poudre dans le bain de brésil préalablement passé.*

¶ *Recette pour un rose plus foncé tirée des* Experimenta.

Prenez demi-once de brésil ratissé, mettez-le dans une écuelle vernissée, avec de l'urine d'homme assez pour le couvrir ; faites bouillir une heure sur un feu de charbon. Ensuite et avant de l'ôter du feu, ajoutez une once de miel et mêlez. Enfin ôtez le tout du feu, et laissez reposer jusqu'au lendemain.

X. DU BRÉSIL LIQUIDE ET COULANT POUR FAIRE LES OMBRES.

Prenez de ce bois autant qu'il vous faut, ratissé comme dessus, et si vous avez de la graine dont il a été parlé et que vous vouliez vous en servir, joignez-l'y. Sinon mettez votre brésil tout pur dans un pot vernissé, où vous le recouvrirez de blanc d'œuf bien rompu à l'éponge [1]. Veillez à ce que le brésil soit couvert entièrement. Il rendra en s'amollissant le suc qu'il contient. Laissez-le ainsi deux ou trois jours. D'autre part, ayez un peu d'alun de sucre ou de roche, demi-once environ, où vous mêlerez de brésil gros comme deux ou trois fèves, fondant le tout ensemble dans l'eau gommée. La drogue ainsi obtenue sera versée dans le vase où reposent le brésil et le blanc d'œuf, et où vous laisserez le tout encore un jour. Alors passez le tout par un linge de lin dans une

1. *Clara ovorum bene fracta cum spongia.* Jean Lebègue le dit en français, p. 110. L'opération est décrite chapitre xv.

terre vernissée bien large, surtout du fond, et le laissez sécher. Quelques-uns, pour aller plus vite, le mettent à sécher sur une pierre de porphyre. Mettez-le de côté ensuite, et quand vous en voudrez user, voici comme il vous faudra faire.

Vous en prendrez un peu, ou ce qu'il vous faudra, vous ferez usage pour le recevoir d'un petit pot vernissé ou d'une coquille, vous l'y détremperez d'eau, puis [1] vous ajouterez de l'eau de miel prise en petite quantité, avec le manche du pinceau, juste autant qu'il sera nécessaire pour que la couleur ne se fende pas quand vous vous en serez servi pour peindre et qu'elle aura séché. Si le mélange ne vient pas bien, et que trop d'eau rende la couleur terne, il faut forcer la quantité soit de blanc d'œuf, soit d'eau de gomme ; mais le meilleur est d'user de blanc d'œuf. Que le miel ne soit pas en trop grande quantité, parce qu'il gâte la couleur. Il faut aussi ne pas trop détremper, de peur d'emporter les couleurs déjà mises sur lesquelles vous aurez à repasser, et c'est l'inconvénient qu'on a pour but de prévenir (comme chacun sait) en introduisant l'eau de miel. Et je mets surtout ici ces indications

1. *Postquam fuerit distemperatum*, selon Salazaro.

pour mémoire, parce que plusieurs en travaillant ont le tort de n'y pas prendre garde, quoique ils les sachent.

Pour ce qui est de la laque, je n'en parle pas. Je m'en remets à cet égard aux peintres.

COMMENTAIRE

Jean Lebègue explique le mot de brésil, un bois rouge dont on tire une couleur rose ou pourpre en le broyant dans une forte lessive avec de l'urine ou de l'alun.

¶ *Héraclius met le brésil dans l'urine, l'y fait bouillir avec l'alun, puis y ajoute de la chaux vive.*

¶ *Valentin le met à bouillir d'abord quatre heures dans le vinaigre, puis dans la bière coupée d'un peu d'eau. Ensuite gros comme une noix d'alun avec beaucoup de gomme arabique. De nouveau au feu, puis refroidir, passer ensuite.*

Autre recette du même. Après le vinaigre l'alun, mettre à chauffer, puis secouer plusieurs fois par jour pendant huit jours.

¶ *Voici la recette des laques prise dans Letonnelier.*

Pour faire de la laque, prenez une livre de brésil de Frénembourg et le rompez par petits morceaux. Ensuite vous prendrez quatre pintes de vinaigre blanc, dans lequel vous mettrez tremper votre brésil l'espace de deux jours. Au bout de deux jours vous le mettrez bouillir un bon quart d'heure, puis vous le passerez dans un linge bien gros. L'ayant passé, vous le remettez bouillir quatre ou cinq bouillons avec une demi-livre d'alun blanc, en le remuant toujours. Après qu'il est ôté de dessus le feu, vous y mettez vingt-cinq ou trente os de sèche. Les ayant mis, vous le laisserez reposer trois ou quatre jours, au bout duquel temps vous le passerez par un gros linge dans quelque verre bien épais, que vous mettrez bouillir trois ou quatre bouillons sur le feu, et il sera fait.

Pour mettre bouillir votre verre sur le feu, il le faut mettre dans un chaudron moitié plein d'eau, et avant que d'y mettre votre verre, il faut lui envelopper le cul de paille, comme aussi le cul du chaudron, de peur qu'en bouillant ledit verre se casse.

℩ *Du même.* La laque blanche se fait en mettant du blanc dans la laque.

℩ *Du même.* La laque fine (carminée) se fait en prenant du cochenille, que l'on pile bien dans un mortier. Ensuite il la faut faire bouillir dans une fiole pleine d'eau de pluie ; dans laquelle fiole vous la verrez venir toute violette et lorsque elle sera réduite au tiers, vous y ajouterez de l'alun rouge, et la laisserez bouillir tant qu'il soit tout fondu. L'alun étant fondu, vous la coulerez par un linge, y mêlant de l'eau de gomme, jusqu'à ce que vous la voyez demeurer violette.

XI. DE L'ASSIETTE POUR PLACER L'OR

L'assiette pour placer l'or se fait de plusieurs manières. J'en proposerai une qui est bonne et éprouvée.

Prenez du plâtre cuit et épuré dont les peintres de tableaux se servent pour mettre l'or dans leurs peintures ; ayez en ce genre ce qu'il y a de plus fin, ajoutez-y un quart de bol d'Arménie, et pilez-le tout avec de l'eau sur la pierre de porphyre, jusqu'à une extrême finesse. Mettez à sécher sur ladite pierre, et quand ce mélange sera sec, prenez-en ce qu'il vous en faut, en mettant le reste de côté. Pilez ce que vous aurez pris soit dans de la colle cerbuna [1], soit dans de la colle de parchemin, en y mêlant de miel ce qu'il faudra pour adoucir la composition.

A cet égard vous aurez à faire attention, parce qu'il n'en faut ni trop ni trop peu, et que cela

1. Même note que p. 33.

dépend de la quantité de matière que l'on prépare. Cela peut se connaître au goûter, quand en mettant une parcelle de la composition dans la bouche vous commencerez à la trouver sucrée. On peut dire aussi que pour la quantité contenue au petit pot dont se servent les peintres, il faut deux fois ce que vous pouvez puiser avec le bout du manche du pinceau. En mettre moins serait cause de gâter votre ouvrage. Donc ayant bien pilé le tout, mettez-le dans un pot vernissé, puis versez de l'eau claire par-dessus, doucement, en ayant soin de ne pas remuer la matière, et de façon que l'eau la recouvre. Ce qui s'y trouvera de dérangé, devra être remis en ordre aussitôt, afin que quand la matière séchera, il n'y ait ni vides ni cavernes.

Et quand vous voudrez vous en servir, après un moment écoulé, versez dessus de l'eau assez pour qu'elle coule, sans aucunement remuer la matière.

Du reste ne manquez jamais, avant de poser l'assiette où vous voulez qu'elle soit, de l'essayer sur quelque parchemin pareil à celui dont vous voulez vous servir, où vous attendrez qu'elle soit sèche, ensuite vous y mettrez de l'or et vous verrez si le brunissage s'y fait bien. Il pourra se faire que votre assiette ait trop de colle ou trop de miel ; vous corrigerez cet excès avec de l'eau pure, que vous verserez dessus dans le vase sans la remuer ; ajoutez que l'effet de cette correction sera meilleur si vous avez soin de laisser passer un peu de temps auparavant. Si le mélange au contraire est trop pauvre, vous y remettrez de la colle, c'est-à-dire de l'eau préparée avec la colle comme dessus dit, ou de l'eau de miel s'il faut, selon qu'il conviendra pour que la matière vienne à point.

En tout ceci la pratique aide plus que les écrits, c'est pourquoi je crois inutile d'en dire ici davantage. *Sapienti pauca.*

COMMENTAIRE

Jean Lebègue définit le plâtre (gypsum) ci-dessus dit, une terre ou pierre cuite au four jusqu'à blanchir, dont on blanchit les tableaux d'autel pour y peindre.

¶ *A l'assiette enseignée ici, Pierre Lebrun ajoute d'aloès hépatique gros comme une fève pour gros comme une noix de plâtre, et un tiers de sucre candi.*

¶ *Des* Experimenta. Plâtre fin passé à l'étamine. Le mettre à détremper dans l'eau, changer l'eau tous les jours, y en remettre de nouvelle quotidiennement pendant un mois.

Ensuite faire écouler cette eau par un filtre. Transvaser la matière et la laisser reposer. La pétrir ensuite, en faire une masse et la laisser sécher.

¶ *Autre recette du même recueil.* Mêlez un peu de minium et de céruse. Le bol d'Arménie pilé dans le blanc d'œuf est appliqué sur l'assiette une fois sèche.

¶ *Pierre de Saint-Omer enseigne* trois parties de plâtre et quatre de brun (bol d'Arménie).

¶ *Le* de Coloribus diversis *ajoute* du safran, *Jean Lebègue* du cinabre, les *Segreti* l'aloès hépatique.

¶ *Valentin met son plâtre à calciner, mêle un peu de vinaigre, qu'il laisse pendant une nuit pour l'attendrir. Ce vinaigre ôté, il broie le mélange sur la pierre, dans la détrempe faite de blanc d'œuf et de gomme, en y mêlant un peu de cinabre et deux fois autant d'hématite. Ramasser le mélange en tas pour qu'il durcisse.*

Autre recette du même. Outre le plâtre, du sucre candi, du bol d'Arménie, du sérapium.

Valentin énumère les gommes convenables pour l'assiette de l'or. Ammoniac, galbanum, oppoponacum, serapium, aloès hépatique, assa fetida.

¶ *Autre recette de Pierre Lebrun.*

Pour faire assiette à dorer l'or bruni, il faut prendre bol arménique de la grosseur d'une noix selon la quantité que l'on en veut faire ; la grosseur d'une fève de sanguine ; alun de roche la grosseur d'un pois ; et un peu de vermillon pour donner couleur à ladite assiette, avec une croûte de pain brûlé qui sert pour faire sécher le tout, broyé avec un peu d'eau de colle sur le porphyre. *Le même enseigne aussi comme assiette bonne partout*, l'eau bien gommée, ou du blanc d'œuf, ou du lait de figue.

¶ Pour se servir de l'assiette à poser l'or, selon Valentin.
Prenez-en gros comme une noisette, amollissez dans l'eau, broyez sur la pierre, mettez de sel ammoniac gros comme la moitié d'un pois. Du sucre et de la détrempe de blanc d'œuf, pour éviter que le mélange soit trop épais.

XII. DE LA MANIÈRE DE S'EN SERVIR.

Après que les lettres, les feuillages ou les his-
toires auront été dessinées sur le parchemin, les
endroits étant décidés où vous voulez qu'il y ait
de l'or, vous commencerez par oindre ces endroits
de colle cerbuna ou de colle de poisson, en vous
y prenant comme suit. Vous mettrez cette colle
dans la bouche, en veillant à ne pas avoir mangé
auparavant, ou que la digestion soit faite. Quand
votre langue et la salive l'auront mouillée suffisamment, vous en frotterez les endroits à dorer.
La page prend de cet enduit plus de facilité à
recevoir l'assiette de l'or, et même quelques-uns
en frottent tout lè dessin, pour que les couleurs
adhèrent mieux. Mais quant à ce dernier emploi,
il ne sera nécessaire que si vous avez affaire à du
parchemin rugueux et où il y ait des poils.

Vous pouvez aussi mouiller ou enduire la page
aux endroits où doit aller l'or aussi bien que les
couleurs, d'eau de colle adoucie d'un peu de miel,

que vous passerez fort bien avec un bouchon de coton, ou encore mieux au pinceau. Ensuite prenez l'assiette composée à point comme j'ai dit, et au moyen d'un pinceau propre à cette opération, posez-la à l'état liquide. Quand elle sera sèche, passez une seconde couche, et cela de nouveau deux ou trois fois, jusqu'à ce que le résultat soit atteint : je veux dire que l'assiette ait l'épaisseur convenable, n'étant ni trop volumineuse ni trop mince. La dernière couche une fois sèche, vous en raserez la surface au couteau et vous l'époussèterez d'un pied de lièvre.

Ensuite prenez du blanc d'œuf rompu [1] au goupillon [2] ou au roseau fendu dont se servent les peintres ; et quand le blanc d'œuf est tout réduit en mousse, on verse dessus de l'eau, mêlée de très bon vin blanc ou d'une lessive appropriée, ou pure, car cela peut aller ainsi, et au bout d'un peu de temps, l'écume [3] qui surnage étant jetée, on

1. *Claram ovorum fractam*. Le même mot est employé ici que pour la préparation à l'éponge enseignée chapitre XV. C'est que le résultat est de même sorte.

2. *Pincellum situlare*. Je suis l'interprétation de Lecoy de la Marche.

3. Dans le résumé qu'il a fait de ce passage, Lecoy de la Marche a cru que cette écume de blanc d'œuf devait être appliquée

fait usage de ce qui demeure. Vous en prendrez ce qu'il vous faudra et l'étendrez sur l'assiette susdite en mode discret et convenable, en sorte que l'or ou l'argent puisse y être retenu ; et c'est ainsi que font les peintres quand ils mettent l'or dans leurs tableaux.

Vous découperez votre or au couteau sur un parchemin, comme vous savez, selon la quantité d'endroits où vous aurez à en mettre. En le posant, s'il est nécessaire, vous assurerez sa fixité avec un petit bouchon de coton. Vous attendrez quelque temps qu'il soit sec et qu'il puisse supporter le travail du brunissage. Alors vous le brunirez avec la dent de loup ou de vache, ou avec l'améthyste préparée à cet effet, à la manière des peintres, vous servant comme table d'un bois de buis ou de quelque autre, bien résistant et bien poli. Il pourra arriver que l'or défaille en quelque endroit ; vous ne manquerez pas alors d'y passer votre blanc d'œuf et d'y remettre l'or qu'il faut en appuyant dessus, s'il est nécessaire, avec le bouchon de coton. Quand

sur l'assiette. Dans une note de l'ouvrage de M. Karl Robert, *Traité pratique de l'enluminure*, M. Beaufils de Bar-le-Duc, enlumineur, observe que de l'écume de blanc d'œuf ne pourrait que gâter l'ouvrage, et corrige l'erreur de traduction.

tout l'or sera bruni, frottez avec le pied de lièvre
et ce qui ne sera pas ôté d'aspérités par ce moyen,
rasez-le et l'aplanissez avec un couteau bien
affilé. Cela fait, brunissez de nouveau, jusqu'à ce
que l'ouvrage soit parfait.

Ajoutez que ce qui s'imprime dans l'or de traits
ou de gaufrures diverses peut se faire avec
l'améthyste ou avec les autres outils convenables,
pendant que la feuille où l'or est mis se trouve
appuyée sur la table de buis ou d'autre bois dur
et poli. De la sorte tout ce qui regarde l'or sera
fini.

Il y a d'autres recettes encore pour placer l'or
et l'argent et fabriquer l'assiette ; ce qui m'a fait
m'en tenir à celle-ci, est qu'elle compte au
nombre des meilleures et qu'elle est commune dans
le métier.

COMMENTAIRE

*La préparation du blanc d'œuf enseignée ici est une
première manière de le rompre, c'est-à-dire, comme il sera
expliqué chapitre xv, d'en ôter les éléments grossiers et de le
rendre coulant. Je suppose que le roseau fendu des peintres
imitait à son extrémité le goupillon dont il est question, par
l'effet des fentes pratiquées qui le séparaient en plusieurs lames.
Roseau et goupillon, saisis entre les paumes des deux mains,*

devaient être tournés sur eux-mêmes dans un mouvement de va et vient rapide, de manière que les poils de l'un, les lames de l'autre opérassent la batture du blanc d'œuf.

¶ *Valentin.* L'onction une fois sèche on polit. Puis une goutte de colle à bouche, une goutte d'urine, une goutte d'eau, un peu de safran.

¶ *Le même.* Faites attention si l'or tient ou se détache ; aussi si la dent de loup adhère en frottant. Si l'or brille et tient et que la dent n'adhère pas, l'assiette est bonne. Si l'or se détache l'assiette est faible ; renforcez-la de gomme, gros comme un pois. Si la dent de loup adhère, c'est que le fond est trop gras ; mettez-y donc plus d'eau, remuez. Laissez reposer une ou deux heures. Quand la masse a déposé, jetez l'eau. Battez la masse à nouveau, essayez de nouveau votre assiette. N'employez jamais une assiette à poser l'or sans l'essayer.

¶ *Les défaillances de l'or dont il s'agit venaient des inégalités d'épaisseur de la feuille, qui se préparait au marteau. M. Henry Martin le remarque. En certains endroits la feuille était trop claire, quelquefois elle présentait des trous.*

Pour boucher les trous, dit-il, l'enlumineur taillait dans une autre feuille, de petits morceaux de toutes formes, souvent carrés, mais toujours anguleux, et les appliquait aux endroits des défauts. Le travail du brunissoir a fait à peu près disparaître les traces de ces corrections, et si l'attention n'est pas éveillée, on n'en soupçonne rien quand on regarde normalement le fond d'or : mais il en est tout autrement lorsqu'on examine au verso par transparence les pages couvertes d'or, c'est-à-dire en tournant la partie dorée du côté de la lumière. On voit alors apparaître clairement le travail complémentaire de l'artiste. Non seulement on aperçoit les trous que l'opérateur a voulu boucher, mais tous les petits morceaux ajoutés se détachent en noir sur le fond primitif, fait de la feuille simple.

⁋ Ce chapitre de l'application de l'or dans les anciens manuscrits a été l'occasion de répandre beaucoup de fables. Là où l'or forme les fonds, le relief qu'il épouse a fait croire que ces fonds étaient obtenus à l'aide de lames d'or fixées au parchemin par un procédé qu'on n'avait plus. Le même auteur remarque qu'une dépense pareille eût été contraire aux habitudes d'épargne du moyen âge. De plus, quand on observe des parties de manuscrits où l'or des fonds a été usé par le frottement, il est facile de constater que la couche d'or était très mince.

D'autres ont pensé que le relief tenait à l'épaisseur de l'assiette sur laquelle l'or était posé. M. Henry Martin en découvre une autre cause plus importante.

Ce ne sont pas généralement, dit-il, les surfaces couvertes d'or qui sont élevées, ce sont les parties du parchemin immédiatement voisines qui sont abaissées. Qu'on applique une règle bien droite sur un feuillet portant une miniature à fond d'or en relief, on constatera la plupart du temps que ce fond, qui nous semble bombé, est au même niveau que la marge des feuilles, qui elle n'a subi aucune préparation ; mais entre la marge et le fond d'or on voit nettement une partie concave. Autour de la surface couverte d'or on distingue en outre la rigole ou gouttière faite par la pression du brunissoir qui a écrasé le parchemin pour faire ressortir les parties destinées à recevoir l'or. Cette gouttière est surtout apparente quand on a affaire à de simples lignes d'or, auxquelles l'illustration a voulu donner du relief.

Comme le résultat de cette découverte est propre à entrer dans la pratique des enlumineurs de nos jours, il y a lieu de le consigner ici.

Avant toute autre opération, continue le même auteur, il y a donc eu à la limite des endroits où l'or devrait être mis, un travail tout à fait analogue à celui dont on se sert pour repousser le cuir. Ce travail préliminaire joint à l'épaisseur de l'assiette, suffit à donner à l'or un extraordinaire relief, qu'accentue encore le brunissage. *Quant aux moyens pris par l'ouvrier pour empêcher le brunissage de repousser les fonds, voici la conjecture de M. Henry Martin.* Il semble évident que pendant l'opération du brunissage l'illustrateur plaçait au verso du feuillet, soit de la cire, soit du coton. La substance employée devait être assez molle pour épouser les diverses courbes de parchemin, mais aussi assez ferme pour maintenir la forme artificielle qui lui avait été donnée.

XIII. POUR POSER L'OR AU MOYEN D'UN MORDANT QUI REÇOIT L'OR PAR LUI-MÊME.

Prenez de l'ammoniac de parfaite qualité, rompez-le en morceaux, que vous mettrez dans un pot vernissé, et versez de l'eau de façon à couvrir la matière, en sorte que celle-ci puisse s'amollir comme il faut, laissez reposer jusqu'à ce que cela soit fait ; passez ensuite par un linge de lin, et faites fondre dans la liqueur un peu de sucre candi bien pilé. Ensuite mettez une ou deux gouttes de gomme arabique et mêlez bien. Cela fait, servez-vous de cette drogue pour tracer, soit à la plume, soit au pinceau, ce que vous voudrez. Quand elle commencera à sécher, placez-y l'or, puis passez le coton pour nettoyer le tout.

Voici un autre moyen de procéder, en se servant de la liqueur que je vais dire. On prendra des piècettes de bleu d'iris, préparés comme nous avons dit [1], vieilles de moins d'un an si l'on peut ; on les détrempera au moyen de ladite liqueur et on les laissera reposer. Le résultat sera quelque chose de fort collant. Vous vous en servirez pour tracer vos lettres et vous laisserez sécher. Ensuite vous réchaufferez ces lettres de votre haleine, qui prendront ainsi l'or et l'argent que vous aurez soin d'y poser, en appuyant avec un bouchon de coton. Vous ne vous servirez pas de la dent de loup pour brunir, elle gâterait tout, mais de coton, en y allant doucement.

ADDITION POUR L'OR MOSAÏQUÉ
TIRÉE DU LIVRE D'ENLUMINURE DE VALENTIN.

Quand vous aurez doré quelque partie de papier ou de parchemin, si vous souhaitez de l'avoir mosaïquée, de manière qu'une sorte d'or y semble mise dans une autre, prenez des substances suivantes l'une : ammoniac, camphre, serapium, mastic ou réagal [2]. Broyez-en gros comme une fève dans l'eau pure, ni trop coulant ni trop

1. Chapitre VII ci-dessus.
2. Ou réalgar, sel d'arsenic. C'est la forme qu'on trouve dans Villon.

épais. Avec un pinceau fin tracez sur le fond d'or la mosaïque que vous voudrez. Vous n'aurez plus qu'à laisser sécher.

COMMENTAIRE

¶ *Pierre de Saint-Omer enseigne le mordant envisagé dans ce chapitre, en y mêlant du plâtre.*

¶ *Les* Experimenta *conseillent de faire fondre le sel ammoniac dans l'eau pure seulement.*

¶ *Pierre de Saint-Omer, un mélange de brésil fraîchement détrempé et de blanc d'œuf rompu à l'éponge. L'or colle dessus.*

¶ *La recette d'un autre mordant à l'ail se trouve dans les* Experimenta.

Prenez de l'ail, pilez-le et le passez bien fin. Mettez-le sur la pierre à broyer avec un peu de minium et de céruse, et un peu de bol d'Arménie. Mêlez bien, puis laissez reposer jusqu'à ce que la drogue soit collante.

Les Segreti *mêlent le jus d'ail à l'ammoniac, et toujours le bol d'Arménie.*

¶ *Autre recette du même recueil, d'un mordant à l'épreuve du temps.*

Prenez un peu de minium et de céruse, aussi du vert-de-gris, du bol et de l'ocre, broyez le tout avec de l'eau et laissez sécher parfaitement. Reprenez votre drogue et pilez-la avec de l'huile et de la graine de lin. Ajoutez un peu de vernis liquide, quelque peu de poudre d'or, pilez de nouveau. Puis mettez sur le vélin, et quand il colle, placez votre or.

¶ *Un mordant à la mode d'Allemagne est enseigné par les* Segreti.

Plâtre fin et craie blanche par deux parties égales, détrempé dans le blanc d'œuf battu avec du lait de figue.

¶ *Outre la dorure en feuille enseignée dans ces trois chapitres, les anciens pratiquaient la dorure au pinceau.*

La façon de préparer le parchemin était la même ou à peu près. Dans quelques manuscrits du temps, la dorure au pinceau n'a pas été brunie, peut-être à dessein. Selon M. Henry Martin, *la dorure au pinceau est plus ancienne que la dorure en feuille.* Celle-ci n'a guère été, dit-il, d'un usage assez commun en France, que depuis le XIIᵉ siècle jusqu'au quatorzième.

¶ *Letonnelier mêle à l'or au pinceau* un peu de safran. *Ce n'est selon lui que sur les belles besognes qu'on épargne cette addition, ou qu'on y supplée par la graine d'Avignon.*

XIV. DES EAUX ET DES BITUMES NÉCESSAIRES A L'ENLUMINURE, ET PREMIÈREMENT DE L'EAU DE COLLE.

Prenez de la colle cerbuna ou de la colle de parchemin, de celle qui se fabrique avec les extrémités des feuilles et qui est la meilleure. Notez que plus le parchemin est beau, meilleure et plus blanche est la colle. Mettez-en dans un pot vernissé, et versez dessus de l'eau pure assez pour qu'elle couvre votre colle largement ; laissez votre colle s'amollir. Il faut qu'elle soit bien transparente. Mettez-la ensuite à fondre à petit feu. Si elle se rend trop forte, mélangez-la d'eau claire, en l'essayant comme suit. Vous en prendrez une goutte avec le doigt et toucherez de ce doigt votre autre main ; si le doigt colle, c'est que la colle est trop forte ; si vous ne sentez d'abord que de l'eau et qu'il faille faire toucher le doigt deux ou trois fois pour que l'adhérence se déclare, voilà le bon point de votre mélange, et vous pouvez vous en servir.

Si vous voulez la conserver liquide, forcez la dose d'eau pure, et la laissez reposer. Au bout de quelques jours elle sera liquide à froid. Encore qu'elle sente mauvais, n'en prenez pas de souci, parce qu'elle n'en sera pas moins bonne.

La colle de poisson, comme les colles dessus dites, est de mise dans l'enluminure ; il y faut seulement plus d'eau claire qu'avec la colle de parchemin. J'ajoute encore que la colle de parchemin ou la cerbuna s'amollit parfaitement avec de bon vinaigre. Une fois amollie, il n'y a qu'à jeter le vinaigre et à faire comme il a été dit.

COMMENTAIRE

¶ Voici la recette de la colle de corne de cerf, qui est peut-être la cerbuna, *telle que Théophile la donne.*

Ayez des rognures de cuir sèches, mettez-les en petits morceaux ; prenez de la corne de cerf, que vous pilerez avec un marteau sur une enclume, ou que vous limerez en ramassant la poudre. Mettez le tout dans un pot neuf, que vous emplirez à moitié. Vous verserez ensuite de l'eau jusqu'en haut ; vous mettrez sur le feu jusqu'à ce que votre eau ait réduit d'un tiers, en ayant soin qu'elle ne bouille pas. Essayez ensuite la matière en y mettant les doigts : si en refroidissant ils collent ensemble, elle est à point. Vous la transvaserez alors ; de nouveau vous emplirez le pot d'eau, vous ferez chauffer comme tout à l'heure, et ainsi jusqu'à quatre fois.

¶ *Recette d'une colle de cuir de bœuf, tirée de Pierre de Saint-Omer.*

Prenez du cuir de bœuf tanné, aussi épais que possible ; mettez-le dans un pot avec de l'eau à bouillir, le temps qui va du lever du soleil jusqu'à la troisième heure en été. Vous jetterez ensuite votre eau et y en verserez de nouvelle, qui devra bouillir de nouveau jusqu'à la sixième heure. Jetez de nouveau l'eau qui surnage, et versez de l'eau claire, en ayant soin de n'en mettre qu'une ou deux fois la quantité de matière restée dans le pot : car il ne faut pas que votre colle devienne trop mince par trop d'eau. De nouveau mise à bouillir, quand elle aura réduit des deux tiers, transvasez-la et la mettez à refroidir tout le jour et toute la nuit.

Pour s'en servir, prendre un morceau de cette colle, qu'on mettra dans l'eau à bouillir légèrement en se servant d'un pot de terre. La verser ensuite dans un pot qu'on entretiendra à petit feu, pour conserver la colle liquide, et où vous la puiserez au pinceau.

¶ *Colle de parchemin, 2ᵉ détrempe de Valentin.*

De la colle de parchemin gros comme une demi-noix environ ; ajoutez quatre gouttes de miel purifié, laissez reposer et mollir un jour et une nuit. Mettez à petit feu, versez de l'eau assez, car la colle de parchemin résiste ; remuez

avec une baguette, qu'elle fonde. Retirez du feu et passez.
Mettre le mélange en pot avec un peu d'eau de rose.
Pour s'en servir le *mettre* dans l'eau chaude. L'employer
avec les couleurs qui ne s'accommodent pas de la gomme
arabique : minium, blanc de plomb, rouge de Paris, *rausch-*
gelb, orpiment, laque, ocre, cendre verte. Ces couleurs
exigent la colle de parchemin, en l'étendant de beaucoup
d'eau, ou tout au moins de blanc d'œuf.

XV. DU BLANC D'ŒUF ET COMMENT ON LE PRÉPARE.

Le blanc d'œuf de poule, qui est le meilleur se fait ainsi.

Il faut prendre des œufs frais, un, deux ou davantage, que l'on casse avec précaution, en ayant soit d'en faire sortir le blanc, sans que le germe [1] ni le jaune y soient mêlés. On met ce blanc dans une écuelle vernissée, où se fait la manipulation. Il faut pour cela une éponge, que vous aurez neuve s'il se peut ; sinon, qu'elle soit nette et bien lavée. On met cette éponge dans l'écuelle et y fait entrer tout le blanc d'œuf, il faut pour cela qu'elle soit de dimension convenable, à quoi je suppose que vous aurez eu égard. Le blanc d'œuf bu, on presse l'éponge et on le rejette dans l'écuelle, puis de nouveau on le fait boire à l'éponge, le rejetant de nouveau autant de fois qu'il faudra pour que la liqueur rejetée ne

----

1. Je traduis ainsi *gallatura*.

fasse plus d'écume et soit courante comme de l'eau pure. Alors vous pourrez vous en servir.

Si vous souhaitez qu'elle vous soit en réserve sans se corrompre et sentir mauvais, mettez-la dans un flacon de verre avec un peu de réagal rouge de la grosseur d'une fève ou deux au plus, ou avec un peu de camphre ou deux clous de girofle.

Si c'est pour poser l'or que vous préparez le blanc d'œuf, il vous faut procéder comme dessus dit, le rompre avec un petit goupillon ou un roseau fendu.

COMMENTAIRE

Les explications contenues dans ce chapitre ont une grande importance. Elles font comprendre l'expression de « blanc d'œuf rompu à l'éponge » rencontrée en diverses formes dans les anciens traités de peinture : en latin, clara ovorum fracta cum spongia ; *en italien* chiara d'ovo rotta. *On trouve aussi,* bianco d'ova passate, clarum ovi spongia liquidatum, clarum ovi spongiatum. *Nous apprenons grâce à ce qui précède, en quoi consistait la rupture ou fraction opérée dans le blanc d'œuf par l'éponge. L'effet du même genre opéré par le goupillon et le roseau fendu, mentionné chapitre* xii *et rappelé ici, y est exprimé par le même mot latin,* frangere, fracta : rompre, rompu. *Ailleurs, on trouve,* chiara d'ovo dibatuta, bianco d'ova sbattute, *enfin les deux mots à la fois :* lo sbatterai sino che sia ben dirotto. *Le* de Coloribus diversis *les réunit dans une même définition :* Le blanc d'œuf préparé à l'éponge ou battu (*spongiata aut verberata*), en sorte qu'il soit liquide et débarrassé de quelques parties collantes et adhérentes entre elles.

¶ *Héraclius enseigne une préparation du même genre au moyen de l'étamine imbibée d'eau, au travers de laquelle on passe et repasse le blanc d'œuf jusqu'à sept ou huit fois, de manière qu'il coule comme l'eau.*

¶ *Valentin, 5ᵉ détrempe.* Battre le blanc d'œuf avec une plume d'oie fendue en croix, jusqu'à ce que tout soit neige ; laissez reposer un jour et une nuit. Ce qui sera reformé de liqueur sous la mousse, le verser sur un quart d'once de gomme arabique, y mêler de miel purifié gros comme fève, et une cuillerée d'eau de rose ou de sélin blanc. Cela empêche de sentir mauvais. Tenir à l'abri de la poussière.

¶ *Le même.* Le blanc d'œuf seul. Même préparation. Laisser reposer deux jours. Mêler de l'eau de rose dans la liqueur.

XVI. DE LA GOMME ARABIQUE ET DE LA GOMME ADRAGANT.

Prenez de la gomme arabique blanche et transparente, que vous romprez en petits morceaux ou que vous broierez. Vous la mettrez ensuite dans un pot vernissé, vous verserez dessus de l'eau ordinaire, de manière que la gomme soit à deux doigts de profondeur ; vous laisserez le tout reposer ainsi l'espace d'un jour et d'une nuit, puis vous le mettrez sur les cendres chaudes le temps qu'il faudra pour que la gomme fonde. Pour éprouver sa force, vous ferez comme j'ai dit plus haut avec la colle de parchemin, et quand vous l'aurez trouvée à point, il n'y aura plus qu'à la passer par un linge et à la mettre en bouteille.

Si c'est de gomme adragant qu'on veut se servir, il faut la prendre en petite quantité, la mettre dans le vase émaillé, verser dessus l'eau en assez grande quantité, et attendre qu'elle gonfle [1] et

1. *Crescat.*

s'amollisse. Alors on chauffe un peu et on ajoute autant d'eau pure qu'il y a d'eau de gomme dans le vase. On peut user de cette gomme, mais elle est peu utile.

COMMENTAIRE

⁋ Letonnelier donne ces mesures pour la gomme arabique : gros comme un œuf de poule dans une chopine d'eau de fontaine.

⁋ Les Ricette *usent d'eau de rose et mêlent du sucre candi, et puis chauffent au bain-marie.*

⁋ Pour la gomme adragant, Letonnelier la met tremper dans l'eau de source vingt-quatre heures, et bouillir quand elle est fondue, jusqu'à consistance de sirop.

Valentin assigne deux jours, et fait bouillir, puis passe. Plus elle vieillit, dit-il, plus elle est bonne.

⁋ Valentin 1ᵉʳ détrempe.

Mettre à l'eau demi-once de gomme arabique, et de gomme adragant grosseur de demi-noix ; couvrir d'eau et laissez reposer quatre jours. Bien remuer avec un bâton, chauffer légèrement, remuer sur le feu, que les grumeaux fondent. Laisser refroidir, passer, verser de l'eau jusqu'à consistance d'huile. Dans le vase où le mélange sera mis ensuite, retournez à le remuer tout le jour, car la gomme adragant tend à surnager. Rajoutez de l'eau si la liqueur

est trop épaisse. A la fin la gomme adragant va au fond,
et la liqueur apparaît claire. Au moyen de cette liqueur j'ai
tenu mes couleurs belles et brillantes : la gomme arabique
employée seule les rend troubles et obscures. Usez donc de
mon mélange, et s'il tend à sécher, repassez sur la peinture avec de l'eau : c'est que trop de gomme le rend gras.
Au contraire si vous trouvez que la couleur ne tient pas,
remettez-y de mon mélange, et vous aurez un bel effet.

XVII. DE L'EAU DE MIEL OU DE SUCRE.

L'eau de miel ou de sucre est surtout nécessaire dans la préparation de l'eau de colle ou de blanc d'œuf. Voici comme elle se fait.

On prendra, si possible, du miel blanc et très pur, on le mettra dans un grand pot vernissé sur un feu lent, on en ôtera l'écume à mesure qu'elle se forme jusqu'à ce que la couleur soit claire, on y ajoutera sa quantité d'eau pure, on portera le tout à ébullition, dans un pot vernissé bien entendu, puis on y ajoutera un peu de blanc d'œuf rompu [1] mêlé d'eau ordinaire, comme font les apothicaires. Mais il en faut bien peu, parce que peu de miel suffit. Mettez-l'y donc et faites bouillir ensemble, jusqu'à ce qu'il n'y ait presque plus d'eau. Alors passez par l'étamine ou par un linge de lin et mettez en bouteille.

L'eau de sucre se prépare par le même moyen. Quant à ceux qui trouveront que c'est prendre

---

1. A l'éponge ou au goupillon, comme chapitre xv.

trop de peine, ils pourront se borner à mettre dans leur eau de colle ou de blanc d'œuf, le miel ou le sucre, tel quel ou fondu dans de l'eau. Toutefois j'ai donné cette recette dans la pensée que plus les ingrédients sont purs, mieux cela vaut. Et c'est pour cela qu'en fait de sucre à employer, je vous conseillerai le sucre candi plutôt que le sucre commun.

COMMENTAIRE

¶ *Autres ingrédients à mêler dans les détrempes.*

Letonnelier. La pierre de fiel se broie avec eau de gomme et est propre à mettre devant (avant) l'or, comme aussi sur le franc. Outre cela la pierre de fiel sert à mettre parmi les couleurs qui ne veulent pas attacher sur le vélin et sur le papier gras.

Le même. L'alun se met tremper dans de l'eau de fontaine, et on en met gros d'un œuf de poule dans une chopine d'eau de fontaine.

XVIII. RÈGLE SINGULIÈRE A FAIRE DE TRES BONNE GOMME POUR L'ENLUMINURE DES LETTRES, TANT AU PINCEAU QU'A LA PLUME.

D'abord ayez du blanc d'œuf préparé à l'éponge comme il a été dit [1], ensuite de l'eau de gomme comme dessus dit pareillement, enfin de l'eau de miel, dans laquelle vous aurez fait fondre du sucre candi autant qu'elle en peut prendre. Prenez d'eau de gomme une partie, de blanc d'œuf une autre, mêlez dans un flacon, ajoutez une partie de votre eau de miel sucrée, et laissez reposer. Quand la liqueur sera claire servez-vous en. Les couleurs posées au moyen de cette détrempe ont une grande beauté, si le maître sait s'y prendre. Retenez que la quantité d'eau de miel y doit être moindre que celle des autres ingrédients, par la raison que ·si vous en mettiez autant, la détrempe ne sécherait pas. N'en mettez pas non plus trop peu, car elle se fendrait en séchant.

1. Chapitre xv.

J'ajoute que cette composition n'est pas moins bonne à poser l'or et l'argent. Vous prendrez du plâtre des peintres de qualité parfaite, trois parties, de bol d'Arménie une partie, vous broierez le mélange sur la pierre de porphyre parfaitement bien. A la poudre ainsi obtenue vous mêlerez la liqueur dont j'ai donné la recette, en même quantité que vous faites dans la préparation du cinabre pour écrire. Vous mêlerez et pilerez sur la pierre de porphyre, vous ferez sécher au soleil : la matière une fois sèche sera raclée au couteau, recueillie sur du parchemin et gardée en lieu sec.

Quand vous voudrez vous en servir, prenez-en ce qu'il vous faut. Mettez-le dans le godet [1] de verre, et versez par dessus de l'eau claire, qui couvre la matière entièrement. Mettez à mollir, faites écouler l'eau, remettez sur la pierre, pilez de nouveau, remettez au godet et servez-vous du produit pour écrire, comme vous feriez du cinabre. Quand l'écriture sera sèche, soufflez votre haleine chaude, posez dessus la feuille d'or ou d'argent, pressez avec la dent de loup, dont vous vous servirez pour brunir, en appuyant le parchemin sur du bois. En usant du tout discrètement, le résultat sera parfait.

1. *Cornu.*

7

COMMENTAIRE

¶ *A ces diverses détrempes Jean Lebègue ajoute* eau à détremper toutes couleurs, *ainsi enseignée.*

Prenez une livre de chaux et douze de cendres, puis prenez eau bouillante et mettez tout ensemble ; et mettez assez bouillir, puis le laissez bien reposer ; puis le coulez bien parmi un drapel, et de cette eau prenez livre quatre, et la faites bien ardoir (chauffer) ; puis prenez eau blanche environ deux onces et la mettez bouillir avec l'eau ; puis prenez colle de poisson environ une once et demie, et la mettez en eau, et l'y laissez tant qu'elle soit bien émollie et si comme fondue, puis la matant, qu'elle soit comme pâte ; puis la mettez en l'eau avec la cire et la faites ensemble bouillir ; et mettez mastic dedans environ once et demie, et faites bouillir ensemble. Puis prenez de cette eau et mettez sur un coutel ou sur fer, pour savoir s'il est bien cuit ; et s'il est comme glu, il est bien. Puis adonc coulez cette eau chaude ou tiède parmi un drap linge, et laissez reposer et la couvrez bien. Et de cette eau pourrez détremper toutes manières de couleurs.

¶ *L'eau de graine de lin s'obtient selon le même auteur en y laissant tremper cette graine l'espace d'un jour et d'une nuit.*

¶ *Valentin, 3ᵉ détrempe.*

Prenez de gomme arabique belle et bien pure, deux parties, et une partie de gomme de cerise, fournie par le suc du cerisier, versez dessus de l'eau de fontaine deux doigts haut, laissez reposer un jour et une nuit. Mettez ensuite à petit feu, chauffez moyennement sans faire bouillir. Quand le mélange est chaud, retirez ; versez-y du miel purifié gros comme une noix, avec un peu d'eau de rose ; remettez à chauffer ; ensuite passez-le à l'aide d'un linge de grosseur moyenne. Mettez en réserve, c'est fini.

Le même, 4ᵉ détrempe. Demi-once de gomme arabique, une drachme de gomme d'amande formée du suc de l'amandier. Versez l'eau, laissez reposer quatre jours. Chauffez, remuez, passez, versez le volume d'une noix, d'eau de rose.

Le même, 6ᵉ détrempe. Once de gomme arabique, demi-once de gomme de cerise, drachme de bitume, drachme de myrte blanc pur. Broyez dans l'eau, remuez, mêlez deux coquilles d'œuf, et de vinaigre blanc assez. Chauffez, puis passez.

XIX. DE LA MANIÈRE DE TENIR LES COULEURS EN RÉSERVE, EN PARTICULIER DU SAFRAN.

Retenez que vos couleurs, après qu'elles sont broyées, que vous avez rejeté l'eau employée à cette opération, et que vous les avez mises à sécher, pourront être de nouveau broyées dans l'eau de gomme. Dans cet état il ne tiendra qu'à vous de les conserver en pots. S'il arrivait qu'elles y séchassent, vous pourrez les mouiller d'eau pure, en les détrempant de nouveau sur la pierre ou au doigt dans le pot même, et l'effet n'en sera que meilleur.

Le safran ne doit être détrempé qu'au blanc d'œuf. S'il a séché une fois, deux fois ou davantage, c'est encore de blanc d'œuf qu'il convient de vous servir, récemment préparé toujours, vous l'aurez ainsi brillant comme verre.

Et quand vous l'appliquerez sur des lettres noires ou rouges en relief, mettez assez de blanc d'œuf pour que la couleur soit légère [1] et fasse l'effet de l'or. S'il y a trop de blanc d'œuf vous y ajouterez de l'eau pure. Notez aussi que le massicot et le jaune ordinaire naturel et celui qui se fait de l'herbe aux teinturiers [2], doivent toujours être gardés trempés d'eau dans les pots ; quand il s'agira de s'en servir, vous y ajouterez la détrempe qui vous conviendra.

La terre jaune se conserve mieux avec l'eau pure qu'avec aucune détrempe, quoique celle-ci n'empêche pas la conservation telle quelle, non plus qu'avec les autres couleurs. Que chacun là-dessus fasse à sa guise.

COMMENTAIRE

¶ La recette des lettres en relief (elevatas) *dont il est question, est enseignée dans les* Experimenta *comme suit.*

Pour enlever des lettres sur un fond (*elevare litteras de carta*) prenez de l'alun de roche, broyez et mêlez avec du jus d'orange, exposez au vent et faites sécher. Frottez ensuite les lettres de cette drogue : elle les fera lever du papier.

1. *Subtilis.*
2. Mot expliqué p. 42.

¶ *Détrempe du safran selon Pierre de Saint-Omer.*

Je verse seulement de l'eau claire dans un petit pot bien net. Je mets mon safran là-dessus, et au bout d'un peu de temps, quand je vois que toute l'eau en est teintée, je mets sur le feu un moment.

¶ *Letonnelier détrempe le safran d'eau claire cinq ou six heures.*

XX. COMMENT IL FAUT BROYER LES COULEURS ET AUSSI LES MÉLANGER ET LES ÉTENDRE SUR LE PARCHEMIN.

Il faut savoir que le noir de charbon ou tiré de pierre naturelle, doit être broyé sur la pierre de porphyre ou sur quelque autre aussi dure, avec de l'eau, jusqu'à ce qu'il soit réduit en poudre impalpable. On le met alors dans des pots de terre vernissée, et quand le mélange a déposé, on fait écouler l'eau avec précaution, puis on y en verse de nouveau. De la sorte la couleur se conserve aussi longtemps que vous voudrez ; et si l'eau tarit ou croupit, vous n'aurez qu'à en verser d'autre.

La plupart des couleurs offertes à l'état solide se broient aussi, excepté le vert-de-gris, qu'on pile avec du vinaigre, ou avec le jus d'iris ou de prugnamerolo dont j'ai parlé. D'autres se servent du jus de la rue ou du safran, qu'ils mélangent avec du jaune d'œuf. D'autres couleurs se broient et se conservent de la manière que j'ai décrite. Au sujet du bleu d'outremer, si cette couleur est fine et pure, il suffit de la délayer au doigt dans le pot ou dans la coquille qui la contient ; au contraire si elle n'est pas bien fine, il faudra la broyer sur une pierre assez dure pour ne pas être entamée, afin que les débris de la pierre n'aillent pas gâter le bleu d'outremer en s'y mêlant. Toutes les couleurs fort dures exigent cette précaution, comme le massicot par exemple ; pour les autres ce n'est pas la peine.

Je reviens au bleu d'outremer à l'état grossier et médiocrement pur. Il faut le broyer avec un quart de sel ammoniac, auquel on mêlera ensuite de l'eau et une lessive de moyenne force. Le broiement aura lieu à proportion du peu de finesse offert par la matière. On la mettra ensuite dans une terre vernissée, plus ou moins large selon la quantité de matière, et l'on versera de l'eau de manière qu'elle surabonde. On remuera le tout avec un bâton ; on laissera reposer ; puis on rejettera l'eau avec précaution ; on y en remettra de nouvelle. De nouveau on remuera, et après un repos, on fera encore écouler l'eau. L'opération sera reprise autant de fois qu'il faudra pour que l'eau qu'on rejette coule entièrement pure. L'outremer sera alors débarrassé de sel.

Si vous souhaitez ne l'employer que dans un état de finesse extrême, vous aurez à le broyer encore jusqu'à ce qu'il ne forme plus qu'une poudre impalpable, puis à le filtrer au moyen d'une soie ou d'un linge de lin, au travers duquel ne passeront que les plus fines parties de cette poudre. Laissez reposer ensuite, faites écouler l'eau, et ce qui restera au fond du vase, séchez-le à l'air à l'abri du soleil. Vous obtiendrez ainsi ce qu'il y a de meilleur pour la finesse, en vue de quelque opération que ce soit, de la plume ou du pinceau.

Parlons maintenant du bleu d'Allemagne. Quand la matière est grosse et médiocrement pure, si vous voulez l'amender, voici la recette.

Prenez votre bleu d'Allemagne, broyez-le sur la pierre, comme dessus dit, de la finesse qu'il vous plaira, en y mêlant de l'eau de gomme d'épaisseur convenable ; mettez-le ensuite dans un grand pot vernissé, versez de l'eau par dessus et mêlez bien. Quand le tout aura suffisamment reposé, faites écouler l'eau de votre pot dans un autre vernissé pareillement, de manière à ne pas perdre ce qui peut s'en aller de bon entraîné par cette eau. Remettez de l'eau, mêlez, laissez reposer encore, faites écouler, cela autant de fois qu'il faudra pour que votre bleu soit purgé d'impuretés : ce qui ne peut arriver sans que vous le trouviez réduit ; mais on ne peut l'avoir bon sans cela. Vous pouvez aussi le traiter comme j'ai enseigné de faire le bleu d'outremer ci-dessus, le broyer à nouveau et le filtrer au moyen de lin ou de soie ; mais avec le bleu d'Allemagne vous risquez de lui faire perdre sa couleur, en sorte qu'il vous faudrait y ajouter autre chose quand on viendrait à l'employer. Donc après l'opération dite, mettez-le à sécher et le conservez.

Il faut passer au maniement qui se fait de ces couleurs pour peindre. Détrempez-les première-ment dans l'eau de gomme, où quelques-uns ont soin de verser deux ou trois gouttes de blanc d'œuf ; mais cela doit être remis à votre discrétion selon que l'expérience vous en fera voir l'avantage. Je suppose ici qu'il s'agit d'étendre la couleur au pinceau ; si c'est la plume que vous en chargez, pour faire par exemple le corps des lettres, on peut détremper le bleu soit à l'eau de gomme, soit au blanc d'œuf, auquel quelques-uns mêlent du sucre, gros comme un grain de blé. D'autres mettent trois parties d'eau de gomme et une partie de blanc d'œuf : tout ceci à votre choix, car l'un et l'autre est bon.

Retenez encore, si la détrempe du bleu vient à épaissir dans le godet, d'y verser de l'eau, ou s'il le faut, de la remettre sur la pierre et de l'y broyer de nouveau, en recommençant le mélange. Et si cette opération la laisse encore visqueuse, versez de l'eau pure, laissez mollir, faites écouler l'eau, remettez de la détrempe, toujours remuant avec un bâton dans le godet.

S'il s'agit du cinabre, il faut remarquer un point, qu'il s'en va en poussière en même temps qu'il durcit ; et quand au blanc d'œuf dont vous composez la détrempe, s'il se rend épais et visqueux, il ne faudra qu'y mettre une goutte ou deux de lessive, suivant la quantité de matière à éclaircir ; il deviendra alors clair et coulant, la lessive ayant le pouvoir de réduire la viscosité du blanc d'œuf.

COMMENTAIRE

¶ *Recettes de Letonnelier pour la détrempe des couleurs.*

L'azur se broie avec un peu de gomme sèche que l'on écrase plus mince que l'on peut, et que l'on met avec l'azur sur le marbre, et ensuite vous les broyez avec de l'eau de gomme. Quand elle est bien broyée, vous la laissez reposer quatre jours. Vous jetez l'eau qui est au-dessus, et vous vous servez de ce qui reste au fond, avec de l'eau de gomme et de l'eau de tournesol.

Le tournesol se détrempe dans de l'eau claire vingt-quatre heures, on en prend l'eau seulement, et on jette le reste.

L'inde (indigo) se broie avec de l'eau claire, et vous la gommez lorsqu'elle est presque broyée. Il la faut broyer jusqu'à ce qu'elle ne se fasse plus entendre sous la molette.

L'orpin se broie avec l'eau de gomme, et si vous le trouvez trop épais, vous y mettez un peu d'eau claire pour l'éclaircir.

La mine de plomb (minium) de couleur d'orange se passe au travers d'un linge avec de l'eau claire, et on en prend seulement le fin en évitant le gros, et quand ce que vous en avez pris est bien reposé, vous en tirez un peu dans votre coquille avec de l'eau de gomme forte.

Pour la laque, prenez le plus épais dans votre godet, avec de l'eau de gomme, et vous vous servirez de l'eau, c'est-à-dire de la plus claire, dans le besoin.

Vous broyez le noir de fumée avec de l'eau de fiel et de la gomme bien écrasée.

Le noir d'Allemagne se broie avec de l'eau de gomme, ou se passe dans l'eau de gomme.

Le blanc de céruse se broie avec eau de gomme, et pour le coucher il faut mettre du noir, et très peu, de peur qu'il en noircisse.

❡ *Des* Ricette, *pour broyer le cinabre.* Broyez-le sur la pierre de porphyre avec de l'eau claire, puis le laissez sécher. Mettez-le dans un pot avec de l'urine par-dessus ; puis laissez reposer jusqu'à ce que la matière aille au fond, jetez l'urine avec précaution, et faites ainsi quatre ou cinq jours de suite soir et matin. Quand votre cinabre sera ainsi bien purgé, vous verserez dessus du blanc d'œuf battu surnageant de l'épaisseur d'un doigt. Vous détremperez bien et vous jetterez le blanc d'œuf. Cela doit être fait deux ou trois jours de suite comme pour l'urine. Alors votre cinabre sera débarrassé de tuf, vous n'aurez plus qu'à le mêler d'eau et à vous en servir.

Le même recueil pour le conserver mêle l'aloès hépatique, et pour s'en servir afin qu'il coule, la myrrhe.

¶ *Jean Lebègue.* Toutes couleurs sont détrempées de gomme de pin ou sapin, fors mine (minium) et céruse, qui se détrempent de glaire d'œuf. Tout vert doit être détrempé de glu, si ce n'est vert d'Espagne, qui doit être détrempé de vinaigre.

¶ *Aux couleurs qui se détrempent au blanc d'œuf Pierre de Saint-Omer joint le carmin. Il détrempe au vin le vert d'Espagne, d'accord avec Théophile.*

¶ *Le même auteur enseigne à poser les couleurs en deux couches, la première très mince, la seconde plus épaisse. Les lettres ne demandent qu'une seule couche.*

¶ *Mélange de vermillon et de minium selon Jean Lebègue.* Ne mettez pas mine (minium) par soi (tout seul), car la lettre en serait trop peu parant, et, se (si) le vermillon est bien rouge et nouvel, si (alors) en mettez deux parties, et le tiers de mine. Et s'il est vieil ou obscur ou brun, mettez de mine la moitié ou les deux parts ; car plus est vermillon vieil et plus est noir et obscur ; et quand il sera moulu ensemble à l'eau claire et sec par morceaux, si vous voulez en ouvrer et qu'il soit luisant, trempez-le de vernis et de glaire d'œuf rompu à l'épurge (éponge) et y mettez ̦pou (un peu) d'eau claire.

℃ *Jean Lebègue*. Pour faire une couleur qui fait toutes autres couleurs reluisantes, claires et resplendissantes, qui est nommée *clare*, hormis orpiment, sinople et safran. — Mettez tremper gomme arabique en eau nette et un vaisseau net, tant qu'elle soit fondue et soit expresse par raison (comme il convient), et de ce détrempez vos couleurs, où vous les mouvez avec, et les laissez moitier (détremper) par un jour ou deux. Et si vous voulez qu'il soit tôt fait, si (alors) le mettez dessus les cendres chaudes.

℃ *Des* Ricette. Pour rendre les couleurs plus brillantes et durables. — Prenez de l'esprit d'urine rectifié dans un flacon de verre ; mêlez-y la couleur. Laissez le mélange parmi la cendre chaude, le flacon bouché demi-heure durant. Cela fait, ôtez l'esprit, reprenez votre couleur, vous la trouverez plus brillante et plus durable qu'auparavant. Si l'esprit d'urine vous manque, vous pourrez vous servir d'une lessive de tartre calciné, mêlée de sel d'urine.

XXI. MANIÈRE D'USER DES COULEURS POUR LES FIORITURES.

Pour faire les fioritures avec le bleu d'outremer, voici. Que la matière, broyée bien finement, soit d'abord détrempée de blanc d'œuf, puis légèrement mêlée d'eau de sucre ou de miel, ou autrement d'eau de gomme, tout en y ajoutant s'il faut un peu de cette eau de miel ou de sucre : selon que l'expérience de ces différents ingrédients vous en fera voir l'utilité. Notez aussi que partout où je dis eau de miel ou de sucre, on peut dire aussi bien sucre candi, à condition si vous l'employez, d'en mettre un peu plus, détrempé dans l'eau de miel ou le blanc d'œuf.

Si c'est le tournesol ou piécette [1] que vous voulez employer à vos fioritures, prenez du linge imbibé de cette couleur autant qu'il vous en faudra, et le plaçant dans la coquille, détrempez-la de blanc d'œuf bien rompu [2] et n'en faites pas sortir

1. Ce mot est expliqué plus haut chapitre VII.
2. L'opération est décrite chapitre XV.

l'humidité, mais qu'il reste trempé sur la coquille, comme le coton reste mouillé d'encre dans l'encrier, et toutes les fois qu'il viendra à sécher, mouillez-le de nouveau, ou d'eau ou de blanc d'œuf détrempé d'eau.

Pour les fioritures au bleu d'Allemagne, commencez par broyer cette couleur bien fine, puis la détrempez de blanc d'œuf rompu à l'éponge, où vous aurez mêlé quelque peu de tournesol ou de piécette ; opérez ensuite comme pour l'outremer. Si le bleu d'Allemagne était de qualité grossière, il faudrait avoir soin après l'avoir broyé, d'y mêler un peu de céruse, ensuite de quoi vous le détremperez au blanc d'œuf, comme dessus dit, mêlé de piécette bleue ou violette. Le reste comme dessus.

Pour fleurir avec le cinabre, il faut le prendre de très bonne qualité. On le broie ensuite sur la pierre avec une lessive de force convenable. Après qu'il est bien amolli, on le met dans une écuelle vernissée, et l'on verse dessus de l'eau pure à suffisance ; on mêle avec les doigts, puis on passe le mélange à travers un morceau de soie ou de lin fin, de bonne épaisseur, dans un autre pot vernissé. La partie plus grossière, qui demeure sur ce filtre, sera de nouveau écrasée, puis passée.

Le liquide recueilli sera mis à reposer, l'eau qui surnage sera rejetée, et le dépôt séché et mis en réserve pour l'usage. Il y en a qui en broyant le cinabre, y ajoutent quelque peu de minium ou de stupium, environ sa huitième partie, le reste ayant lieu comme pour le cinabre pur. Faites à votre plaisir, car les deux manières sont bonnes.

Et quand vous voudrez en tracer vos fleurs, détrempez-le avec le blanc d'œuf à même la pierre, et mettez-le dans le godet de corne ou de verre, et si le blanc d'œuf y fait de l'écume, pour qu'elle disparaisse voici mon secret. Prenez de la sanie des oreilles, et mêlez-la dans la couleur, l'écume cesse sur-le champ. Ajoutez que rien ne rend le bleu, principalement le bleu d'outremer, et le cinabre propres à tracer les fleurs, comme une autre manière, que voici. Premièrement les broyer sur la pierre de porphyre à suffisance avec eau de gomme, blanc d'œuf etc. et un peu de sucre ordinaire ou candi, sécher à même la pierre en les gardant de poussière, mouiller de nouveau, si c'est le bleu avec du blanc d'œuf frais, si c'est le cinabre détremper avec du blanc d'œuf et quelques gouttes de lessive bien claire, puis mettre dans le godet. Voilà la meilleure de toutes les recettes pour les fleurs et même pour le corps des lettres.

COMMENTAIRE

¶ *Les Segreti enseignent ainsi la préparation de l'outremer avant la détrempe, pour les fioritures : mêler d'abord le miel, puis laver à l'eau chaude à plusieurs reprises jusqu'à ce que l'eau coule claire. Ensuite laver d'eau fraîche et laisser reposer plusieurs fois. Laisser sécher, mettre à tremper dans la lessive pendant huit jours en changeant chaque jour. Pour s'en servir, l'eau de gomme seulement.*

¶ *Le cinabre, dans le même recueil, est lavé à l'eau chaude. Pour s'en servir, le blanc d'œuf est mêlé de safran et de rameaux de figuier broyés. Si on le trouve trop brillant, épargner le safran et la sanie d'oreilles ; s'il durcit sous la plume, deux gouttes d'eau de rose ; si l'on craint qu'il ne sente mauvais, un peu de réagal ou de camphre.*

¶ *Ce travail de fioritures avait ses règles spéciales. En voici une idée d'après les* Segreti.

Si vous voulez faire des feuillages, étendez d'abord la couleur dont vous voulez user, et laisser sécher. Si c'est du vert, usez de piécette (expliqué ch. VII) d'iris pour l'ombre, et du massicot jaune pour le rehaut. Si c'est du bleu, usez de piécette violette pour l'ombre, et de céruse pour la lumière. Si c'est du rouge, usez de rosette pour la lumière.

¶ *Valentin y mêle gros comme un pois d'aloès hépatique.* S'il résiste au tracé de la plume ou du pinceau, mêler un peu de myrrhe ; s'il est trop gras, vin blanc et eau-de-vie.

XXII. DE L'EMPLOI DU CINABRE POUR FAIRE LE CORPS DES LETTRES.

Prenez du cinabre de parfaite qualité et broyez-le à sec parfaitement. Détrempez-le ensuite de blanc d'œuf, quand la pâte sera bien égale, mettez-la à sécher sur la pierre. Une seconde fois détrempez-la avec d'autre blanc d'œuf frais ; quand elle sera bien molle, recueillez-la dans le godet [1], mettez-y de la sanie d'oreille, et excessivement peu de miel, pour que quand la couleur sera mise sur le parchemin, elle brille et ne se fende pas. S'il y avait trop de miel, elle serait gâtée. D'autre part ayez soin que dans le flacon où votre blanc est gardé, il y ait toujours un peu de réagal [2] ou de quelque autre drogue qui l'empêche de se corrompre comme il a été dit ci-dessus.

1. *Cornu* comme p. 97. Dans le résumé qu'il donne de ce passage, Lecoy de la Marche traduit par *cornue*, certainement impropre.

2. Expliqué p. 89.

S'il s'agit de cinabre pour écrire, c'est assez de le broyer bien finement sur la pierre.

COMMENTAIRE

¶ *Des* Ricette.

Pour écrire avec le cinabre, prenez le blanc de deux œufs frais, que vous mettrez dans un pot neuf ; puis rompez un rameau de figuier (qui contient le lait de figue) en petits morceaux et mêlez-le dans le blanc d'œuf. Avec un autre rameau de figuier vous battrez le tout jusqu'à ce que le blanc d'œuf soit bien rompu. Cela fait, vous passerez le tout par un linge fin, et vous mettrez la matière dans un pot de verre bien bouché avec un peu d'alun de roche. Détrempez votre cinabre avec cette drogue, après que vous l'aurez bien passé à l'eau claire, puis laisser sécher. Pour écrire, allez le détrempant au fur et à mesure de votre travail.

¶ *Des* Experimenta *pour les lettres d'or.* Prenez du soufre vif et l'écorce intérieure de la grenade, de l'alun, du sel et de la poudre d'or, la quantité que vous voudrez, puis de l'eau de gomme liquide et un peu de safran. Mêlez et servez-vous en pour écrire.

¶ *Du même recueil.* Pour faire des lettres qui fassent l'effet de l'or. — Faites un trou dans un œuf de poule et tirez-en tout le blanc. Remplissez de vif argent le vide qui s'ensuivra, refermez le trou et mettez votre œuf à reposer sur le fumier chaud pendant quarante jours. Faites écouler ensuite votre vif argent, prenez une once de verre que vous réduirez en poudre, et mêlez cette poudre au jaune de l'œuf. Servez-vous du mélange pour peindre, et quand vos lettres seront sèches, frottez dessus de l'or ou de l'argent, ils y laisseront leur couleur.

¶ *Autre recette du même.* Mêlez du nitre dans de l'eau, servez vous-en pour écrire, puis passez-y le suc de la grande éclaire, chauffez, et l'écriture prendra l'aspect de l'or.

¶ *Autre recette du même.* Prenez une corne de bouc, que vous mettrez en petits morceaux, distillez-la dans l'alambic. Tenez la liqueur que vous en tirerez, au soleil quelques jours dans un vase de verre. Les lettres tracées au moyen de cette liqueur paraîtront d'or.

XXIII. COMMENT IL FAUT USER DE LA CÉRUSE, AVEC LE MÉLANGE A DONNER QUAND ON REPASSE DES TRAITS SUR QUELQUE CHAMP [1].

Prenez de la céruse qu'on aura d'abord mouillée d'eau, puis séchée, broyez-la sur la pierre avec de l'eau de gomme arabique, puis mettez-la sécher à même la pierre. Grattez-la ensuite au couteau et serrez-la pour vous en servir. Quand viendra le moment, prenez ce qu'il vous en faut, et mettez-le dans un petit pot avec de l'eau à suffisance pour que la matière soit détrempée ; quand elle sera molle, écrasez-la sur la pierre, puis remettez-la dans le pot et usez-en, car elle est bonne.

Aussi sur l'emploi de la céruse, vous donnerai-je un autre avis. Quand avec cette matière vous

1. *Quando profilatur.* Lecoy de la Marche explique par dessiner au trait. Mais il ne s'agit pas du dessin, déjà recouvert par la couleur qui sert de fond au travail dont il est question ; il s'agit des traits qu'on repasse au pinceau sur cette couleur pour redonner aux objets leurs formes.

repassez des traits soit sur un champ, soit sur des feuillages bleus, roses ou de quelque autre couleur, ayez soin de mêler à la céruse un très petit peu de la couleur du fond ou des feuillages sur lesquels vous passez ces traits. Ainsi le passage du fond à la couleur du trait sera comme insensible, et l'effet en sera bien meilleur, parce que le semblable plaît auprès du semblable. Si vous savez faire cela, il vous sera commode d'avoir un petit pot de blanc toujours prêt pour profiler sur quelque couleur que ce soit, je veux dire le bleu, le rose et le vert, car sur les autres cela ne convient point. Et si cela semble trop difficile, faites à la céruse simplement.

COMMENTAIRE

Les Segreti *enseignent de laver la céruse à l'eau chaude plusieurs fois, puis, outre la gomme arabique, d'y mêler quelques grains d'encens blanc. Pour s'en servir, de l'eau de gomme à suffisance, qu'on détrempera d'eau claire s'il faut.*

XXIV. COMMENT ON DONNE LA PREMIÈRE COUCHE AU PINCEAU, ET COMMENT ON OMBRE.

Quand les couleurs que vous mêlez sont destinées à donner la première couche, il faut mêler de céruse le bleu et le rose. Le cinabre et le minium, l'or mussif et le massicot jaune se posent purs, quoique rien n'empêche d'en user en mélange, mais ils font meilleur effet ainsi. Le vert-de-gris se mêle bien avec le jaune de Naples et avec la céruse, et aussi toute sorte de vert. Et ces divers mélanges peuvent être prêts à l'avance et se conserver préparés à l'eau de gomme dans des pots d'où vous les tirerez à propos. Et s'ils viennent à sécher, il n'en vaudront que mieux, et vous pourrez les remettre en état au moyen d'eau claire, quelquefois en les écrasant de nouveau sur la pierre ou dans le vase même avec le doigt, en y ajoutant de nouvelle eau de gomme s'il faut.

Et si vous voulez avoir de la couleur violette qu'on nomme byssus[1], il vous faut prendre du tour-

1. Je suis ici le texte de Salazaro.

nesol tourné au violet, le détremper de gomme ou de blanc d'œuf, puis le mêler à la céruse. Tel est le mélange dont vous vous servirez pour donner la première couche à la peinture, vous travaillerez ensuite par-dessus avec la piécette [1] pure jusqu'à ce que vous ayez l'effet que vous désirez et que votre ouvrage soit parfait. Une autre couleur violette s'obtient en mêlant le bleu à la céruse ; on en trace les ombres avec du rose soit épais, soit léger, l'un et l'autre convient. Une autre se fait de blanc mêlé de rose avec un peu d'indigo.

Toute couleur que vous employez mêlée de céruse, peut et doit être ombrée plus tard avec la même couleur simple et non mélangée de céruse. S'il s'agit du bleu, vous pourrez ajouter [2] un peu de rose léger au bord des ombres, de celui qu'on emploie pour ombrer la rosette et le cinabre. Ce rose léger est comme une couleur d'ombre universelle et commune à toutes les couleurs ; et l'on peut presque en dire autant du tournesol violet.

1. Ce mot est expliqué plus haut chapitre VII.

2. *Augmentari.* Dans un résumé du passage, Lecoy de la Marche entend que le bleu prend une couleur plus foncée. Aux extrémités de l'ombre cela ne se peut. Le rose joue au contraire un rôle de teinte neutre.

L'or mussif s'ombre avec du safran et du brésil, ou avec de la rosette, ainsi que le massicot jaune. Si vous voulez avoir du gris, mêlez ensemble blanc, noir et jaune ; si vous avez besoin que ce gris tende au roux, ajoutez un peu de couleur rouge.

Pour faire la couleur de chair dont on peint les visages et les membres découverts des figures, il faut d'abord passer une couche de terre verte mélangée de beaucoup de blanc, de façon que le vert soit très faible, et en ayant soin que la couleur soit liquide. Ce blanc légèrement verdissant fera votre fond. Vous aurez à l'ombrer ensuite, et à marquer la conformation des figures, ce qui aura lieu au moyen d'un mélange de bleu foncé [1], de rouge et de jaune qu'on nomme terrette, employé de même à l'état liquide. Ensuite au moyen d'un blanc à peine teinté de vert vous placerez les clairs et les rehauts, comme ont coutume d'en ajouter les peintres. Mêlez enfin du rouge avec un peu de blanc, et passez-le sur les endroits qui devront être plus colorés. Avec précaution et lentement, donnez de la même couleur sur les

---

1. *De nigro indico.* Lecoy de la Marche dans son résumé traduit : de noir d'indigo.

ombres. En dernier lieu faites un mélange bien coulant et léger de rouge et de beaucoup de blanc, avec lequel vous passerez sur toutes les chairs, en ayant soin d'en mettre moins dans les ombres que sur les rehauts.

Si les figures étaient très petites je conseillerais de ne toucher dans cette dernière opération que les rehauts, et même de revenir ensuite sur ces rehauts avec du blanc pur. Vous ferez ensuite les yeux avec du blanc et du noir, puis vous tracerez au moyen de rouge, de noir et d'un peu de jaune mêlés, les différents traits [1] aux lieux convenables. On peut aussi se servir pour cela de l'indigo, ou simplement du noir.

COMMENTAIRE

¶ Pierre de Saint-Omer, Jean Lebègue et Théophile sont entrés dans de grands détails au sujet de la carnation, nommée chez eux incarnatura *ou* charnure. *Une couleur nommée* membrane *en fait le fond, à quoi se joignent le* pose, *la* lumine *et l'*excèdre.

1. *Profilaturas.* Lecoy de la Marche traduit *les contours.* Même erreur que dessus. Il s'agit des traits au pinceau placés soit sur les bords, soit dans le champ de la figure, pour redonner aux objets la forme que la couleur opaque a effacée.

¶ *Membrane, selon Pierre de Saint-Omer.*

On la fait de rouge ou vermillon, et de blanc ou céruse. Et qui n'aurait pas de vermillon, pourrait la faire de minium et de blanc mêlés en quantité convenable au degré de rougeur et de pâleur qu'il veut donner à ses figures. Et parce que la couleur verte y convient aussi, y ajouter un très petit peu de vert, plus ou moins selon l'effet qu'on se propose.

Théophile l'obtient de céruse cuite jusqu'à ce qu'elle tourne au jaune, qu'on broie avec la céruse commune et le cinabre.

¶ *Pose, selon Théophile.* Mêlez le vert foncé et le rouge obtenu par la coction de l'ocre, avec un peu de cinabre. *Selon Jean Lebègue.* Mettez avec simple membrane, un peu de cinabre et un peu de mine (minium).

¶ *Lumine, selon Jean Lebègue.* Mêlez avec cinabre, membrane, céruse bien moulue et verblée (battue).

¶ *Excèdre, selon le même.* Mêlez avec rouge un peu de noir.

¶ *Voici maintenant au long, selon Jean Lebègue, le procédé de charnure.*

Prenez vert terrin, blanc et laque, et mêlez ensemble et emplissez (couvrez) où vous voudrez. Puis faites ombre de vert, et mêlez avec un peu de laque, et signez (marquez) vos lès (contours) et ombres ; et puis rose, là où il vous plaira. Puis faites charnure (ou membrane) d'ocre et de blanc et d'un peu de cinabre, et mettez dedans le signement, (dans les contours), épais. Et cil (ce) qui sera sur le rose, sera très soutil (mince).

¶ *Suit le maniement de pose, employée pour les parties colorées des chairs* : naselles, bouches, mains, col par dessous, et les fronces du front et les tempes, et les articles (jointures), *dit Jean Lebègue* : sourcils, yeux, mains, bouches, contours du dehors des narines, tempes, rides du front et du cou etc. *selon Théophile.*

De la lumine se peignent selon Lebègue, les sourcils, le nez au long et sur le pertuis des narines. *Théophile ajoute* les traits subtils autour des yeux et sous les tempes, le dessus du menton, les commissures du nez et de la bouche des deux parts, le dessus du front, l'entredeux des rides du front, le milieu du cou, la jointure des mains et des pieds en dehors, et toutes les rotondités des mains des pieds et des bras dans le milieu.

Au moyen de l'excèdre, Théophile trace le trait autour des pupilles des yeux, dans le milieu de la bouche, et un trait fin entre la bouche et le menton. *Au moyen du rouge seul il fait* les sourcils et les traits fins entre les yeux et les sour- . cils et sous les yeux, et dans le visage de trois quarts la partie droite du nez si le visage regarde à droite, la partie gauche du nez si le visage regarde à gauche, et le dessus des narines des deux côtés et la bouche par en bas, et le tour du front et les mâchoires en dedans si ce sont celles d'un vieillard, et le tour des doigts, des mains et des jointures des pieds en dedans ; et dans un visage de profil le tour des narines par devant, et l'ouverture des narines même.

¶ *Deux autres couleurs, le rose et la vénède, l'une com-*

posée de membrane, de cinabre et de minium, l'autre de noir et de blanc, sont ajoutées chez Théophile en supplément de perfection.

¶ *Letonnelier compose sa couleur de chair* d'un peu d'eau de vermillon, d'un peu d'eau de laque, et d'un peu de blanc, tout cela très clair : *grande différence avec les anciens qui au contraire, enseignent l'empâtement.*

Quand vous aurez glacé votre couleur de chair, dit-il, vous mettez du vermillon aux endroits ci-marqués : aux deux joues, aux lèvres, au bout des doigts tant des pieds que des mains, sous les talons, aux genoux, au nombril.

¶ *Jean Lebègue fait la couleur de chair avec cinabre, membrane et céruse. Pour les traits à poser sur ce fond, il mêle à la membrane un peu de cinabre et un peu de minium.*

XXV. D'UN VERNIS POUR FAIRE BRILLER LES COULEURS APRÈS QU'ON LES A POSÉES.

Pour faire briller les couleurs une fois mises, soit sur le bord des ombres, soit par tout l'ouvrage, je parle ici surtout de l'ouvrage du pinceau, voici comment on fait.

Prenez de gomme arabique une partie, de blanc d'œuf bien rompu à l'éponge une partie, mêlez-les dans un pot de verre ou vernissé, et mettez le mélange à sécher. Vous aurez de la sorte un vernis qui fera reluire vos couleurs autant que le vernis des peintres. Il suffira de le détremper quand vous voudrez vous en servir, d'eau pure et de source. Et s'il faut ajouter du blanc d'œuf pour donner plus de brillant encore, vous l'ajouterez. Quand votre vernis sera détrempé et prêt à être étendu sur l'image, mêlez un peu de miel dedans, pris avec le manche du pinceau, en quantité convenable à celle du mélange : qu'il n'y en ait ni trop ni trop peu. Votre mélange ainsi parfait, couvrez-en vos couleurs, et quand il sera sec, vous verrez l'ouvrage briller comme un vernis.

Mais avant d'en user, ne manquez pas de l'essayer en quelque endroit où vous n'ayez rien à gâter, et voyez si une fois sec il se fend : c'est signe qu'il n'y aura pas assez de miel. S'il ne veut pas sécher et que le doigt colle, c'est qu'il y en a trop.

A cet égard comme aux autres, il faut poids et mesure, rien ne dispense l'ouvrier de précaution et de prudence : c'est la règle de toutes les préparations qui sont enseignées dans cet ouvrage.

GRACES SOIENT RENDUES A DIEU. AINSI SOIT-IL.

COMMENTAIRE

¶ *Valentin*. Un blanc d'œuf battu, puis reposé ; demi-once de gomme de cerise, deux drachmes de gomme : étendre au moyen de cette détrempe. Laissez reposer et mollir deux jours. Chauffer, remuer. Gros comme une noix de miel purifié. Consistance d'huile. N'en pas préparer plus que de besoin, car il ne se garde pas. Le même mélange peut servir de détrempe ; il suffit de mêler davantage d'eau.

¶ *Le même*. Le quart d'une mesure, de bière ; once ou once et demie de gomme arabique.

¶ *Le même*. Prenez une livre de mastic, que vous aurez à réduire en poudre : trois litres d'huile de lin qui soit pure, que vous mettrez à bouillir au feu dans un vase net et assez grand. Écumez avec soin, ne laissez pas déborder. Quand le mélange sera pur d'écume et bouillonnera, versez le mastic en poudre, et remuez comme on remue la farine d'avoine, dans l'huile jusqu'à ce que le mastic soit fondu. Faites bouillir modérément, remuez toujours de peur qu'il ne brûle. Quand vous verrez la liqueur s'épaissir, levez-en au bout d'un bâton une goutte que vous verserez sur du fer ou d'autre métal, et une fois refroidie mettez-y le doigt. Si le mélange adhère et file, il est à point. Autrement faites encore bouillir jusqu'à ce qu'il file quand on l'essaie. Alors ôtez du feu, laissez refroidir, passez, et conservez dans un pot de terre.

En tout ceci veillez à obtenir un vernis qui sèche. Pour cela prenez des os de mouton, et broyez-les dans un vase neuf dont vous scellerez de terre le couvercle tout autour. Grand feu là-dessus pendant deux heures. Laissez refroidir, prenez vos os, broyez-les fin comme fleur de farine, passez au tamis de crin. Dans le vernis pendant qu'il chauffe, mettez de vos os broyés la grosseur d'une noix, qu'il bouille avec. Ainsi préparé le vernis sèche aussitôt que vous l'aurez posé.

Faute d'huile de lin pour le faire, prenez l'huile de noix ou l'huile de chanvre, pourvu qu'elle soit pure et bien belle, toujours dans la mesure susdite.

¶ *Le même*. Prenez de vieille huile de chanvre qui soit

pure, faites chauffer, écumez parfaitement. Broyez et passez fin des os de mouton et de la pierre ponce, que vous verserez dans l'huile chaude. Écumez de nouveau, laissez bien bouillonner. Exposez deux jours au soleil. Si vous voulez le vernis plus fort, ajoutez deux onces de mastic broyé fin.

¶ *Le même*. Prenez de térébenthine une livre, et deux fois autant d'huile de lin. Chauffez, écumez, mêlez du mastic et de l'os brûlé comme dessus.

FIN DE L'ART D'ENLUMINURE

TABLE DES AUTEURS

JOINTS EN COMMENTAIRE A CET OUVRAGE

TABLE DES MATIÈRES

DE CET OUVRAGE
ACHEVÉ D'IMPRIMER
SUR LES PRESSES
DE L. ROUART ET FILS
6, PLACE SAINT-SULPICE
A PARIS LE 22 JANVIER
1927, IL A ÉTÉ TIRÉ
VINGT EXEMPLAIRES
SUR VERGÉ D'ARCHES
NUMÉROTÉS DE I A XX